ユーラシア研究　n Studies　2024-2　No.68

JN115858

表紙写真
上　ロシア語でのвокзал(駅)の表示が取り外された
　　ラトビア・リガ中央駅(2023年3月)　撮影　小林 芽生
下　ビャリャツキ氏のウォールアート　撮影：清沢 紫織

雑感　ウクライナ・ポーランド支援コンサート

中島　良史

はじめに

　2022年2月24日のロシアのウクライナ侵略開始から1年8ヶ月、ウクライナの反転攻勢も膠着状態。厳冬期を迎え今年もまたロシアの非情なインフラ攻撃に、電気を失われて極寒の暗黒の闇が覆うのか？　まさに暗澹たる気持ちだ。

　そんな時2023年10月7日に勃発したイスラエル・ハマス戦争は世界情勢を一変させた。『天井のない監獄』ガザを実効支配するハマスの残虐なテロに対して、イスラエルの報復では、民間人220万人がひしめくガザの市街地に容赦なくミサイルが降り注ぎ、逃げ場のない民間人の犠牲者は数千人、瓦礫の廃墟に埋まる死者は数知れず。水、電気、食料、医療の生命線を遮断され、史上最悪の「人道危機」に直面している。

　私は物心ついた1956年の第二次中東戦争でパレスチナ問題を知った。ユダヤ人国家建国のため、先祖代々住み慣れた地を追われたパレスチナ人の悲しみ、怨念はいつ果てるとも知れない。民族、宗教の対立する中東に繰り返される戦争と報復…憎しみの連鎖は永遠に続くのか？

　10月17日、ガザの病院が爆発し500余人が一瞬に死亡した…イスラエル、ハマス双方が責任を否定するが…犠牲になるのは結局無辜の民間人なのだ。多くの子どもたちが犠牲になったという。

　そのニュースで、昨年の悲惨な記憶が甦った。ロシア侵攻直後の2022年3月。ウクライナ、マウリポリ市はロシア軍の容赦ない空爆に曝され数日で町は廃墟と化した。

　2023年1月20日パルテノン多磨大ホールにてウクライナ・ポーランド支援コンサートが開催された。本特集では、このコンサートまでの経緯、寄せた思い、その楽曲について、主催者中島良史、司会・解説者伊東一郎、登壇したウクライナ留学生テチャナ・クルンコ3者による記事を掲載し、合わせて写真によりコンサートの模様を伝える。

　劇場に避難した400名の人々が、空に向けて劇場の庭にロシア語で「子どもたち」（がいる）と大きな文字を描いた。ロシアの爆撃機への向けての必死のメッセージだったが虚しく…

　非情な爆撃は全員を殺害、無論子どもたちも多く犠牲になった。

　悲劇のマウリポリはソ連時代の作曲家たちには、忌まわしい名前を強制された町だ（後述）。

　無差別攻撃、虐殺、拉致…多くの無辜の命が犠牲になる戦争の悲劇…

　ウクライナも同様、ブチャの虐殺、2万人の子ども連れ去り…

　戦争犯罪が罷り通る。

世界の目が中東に向き、プーチンは「漁夫の利」でほくそ笑むのか？

　しかしながら、二つの戦争は似て非なるもの。ウクライナは"単純"には宗教戦争ではない。主権国家を侵そうと企むプーチンの「妄想の歴史感」（岡部芳彦氏）による身勝手な侵略だ。まさに自らをピョートル大帝に準え、大ソ連邦時代への懐古主義は笑止千万！

そんな狂気の独裁者による、理不尽な戦いを強いられても、祖国を守るための涙ぐましい抵抗は決して「報復」ではない。強い自制心で戦争のルールを守り、ロシアへの越境攻撃は控え堂々と戦う。

新たな中東の事態はウクライナの戦争に、今後どう影響するだろうか？　アメリカはじめ支援の先細りは必至だ。二つの戦争を抱え世界の動向はどうなるのだろう。さらに平和が遠のくことを憂慮する。

さて、気を取り直して本題に帰ろう。本誌から依頼の寄稿のテーマは、本年2023年1月に筆者がプロデュースし開催した「ウクライナ支援コンサート」。
詳しい内容は、伊東一郎先生のレポートに委ねさせていただきながら、コンサート実施の紆余曲折の経緯を報告する。

支援コンサート開催へ

2022年2月24日、ロシアのウクライナ侵攻のニュース画面には一瞬我が眼を疑った。キーウへ進軍する長い戦車の列、それは1968年「プラハの春」でプラハのヴァーツラフ広場を埋め尽くす戦車（ワルシャワ条約軍）の光景を甦らせた。「人間の顔をした社会主義」を掲げた自由への希望が、戦車に儚くも押しつぶされた瞬間の報道画像はスティールのモノクロだった。今は無惨な動画が目の当たりに繰り広げられる（「プラハの春」事件も後に私の人生に降りかかってくる（後述））。

ドンバスではロシア軍戦車が駆け、占領地を拡げる地上戦は、21世紀にしてあり得ない光景だ。

首都キーウを陥落し数日でウクライナ全土を併合せんという、プーチンの野望は打ち砕かれた。数百年に渡って耐え忍び培った、ウクライナ人の強い抵抗心はそうは容易くない。しかしウクライナ各都市へのミサイルの無差別攻撃で多くの民間人の命を奪われた。

——冷血、ロシアは民間人を標的にした事実はないと今も嘯（うそぶ）く。

ミサイルの標的になった各都市は、キーウはもとよりハルキウ、オデーサ、リヴィウetc.

筆者は今までウクライナ渡航の機会を逸したが、これら歴史的な町の名は当然知っていた。それはウクライナが生んだ、世界的音楽家の生地として記憶されていた。中には出生当時はポーランド領だった人もいる。それはウクライナが隣国に度々蹂躙されたからで、複雑な国境の変遷の証人だ。

ヴァイオリニストの、D・オイストラフ、N・ミルスタイン、M・エルマン、L・コーガン、アイザック・スターンetc.

ピアニストでは、ウラディミール・ホロヴィッツ、スヴャトスラフ・リヒテルD、エミール・ギレリス、シューラ・チェルカスキーetc.

居並ぶ20世紀の巨匠たち。かつて「ロシアの音楽家」と一括りにされたこれらの演奏家が全てウクライナ生まれと知ったら、一時代前の音楽愛好家、いや今の音楽ファンに至っても驚嘆するはずだ。

これは決して偶然ではない。ウクライナが伝統的に豊かな音楽文化を育む地だったからに他ならない。

彼らのほとんどがユダヤ系。当時のロシア社会では概して地位が低いはずの彼らが、どう音楽の才能を育めたのか？　そしてロシア革命の混乱期をどう生きたのか？

大勢の作曲家も戦争によって、ロシア…ソ連と、徐々に出自が明らかになる。

さて戦火を逃れ数百万人の避難民が、ポーランド国境の町プシェムィシルを目指した。温かく人々を迎えた小都市は、一躍世界に知られるところになる。ポーランドが社会主義体制脱却間も無い30年前、コンサートで赴いた静かな地方都市を思い出した。

ウクライナ支援コンサート

去る2023年1月開催のチャリティーコンサートは、ロシアの侵攻直後にいち早く開催を決定し、2022年8月初旬を目指し準備を進めた。連日報道される惨状に矢も盾もたまらず背中を押された。

8月開催はコロナ感染で公演の直前に中止を余儀なくされ、ロシア侵攻1年に近い本年2023年1月に延期した。思いがけず延期によるリスクを覆す——適切な表現が見つからないが——"怪我の功名"が待っていた。

早稲田大学名誉教授の、ロシア・ウクライナ文化史と音楽に造詣が深い伊東一郎先生に監修として参画いただき、曲目の再構成にも有力な助言を賜った。また合唱にも快く参加いただいた。改めて感謝申し上げたい。

もう一つ幸いな事、ウクライナ避難学生(東洋大)3名が参加したことは、コンサートの意義を強くした。

支援コンサートはオーケストラ、合唱団、ソリストの賛助で魅力的なコンサートとなった。その内容は伊東先生のレポートに詳細に綴られている。参照されたい。

様々な方面からの温かいご協力で大勢の来場者を得て、中規模のコンサートとしては、入場料収入と寄付金を合わせ、まずまずの義援金を獲得できた。来場者と関係者のご協力の賜物と、感謝の念に耐えない。全額が無駄なく現地の人道支援に使われるように、送金は手数料などで目減りする国際支援機関を通さず、ポーランドの友人を介して、ポーランドの支援団体に頼み直接現地に届けられた。戦時下に喘ぐ市民に、一刻も早く幾ばくかの援助となったことと確信する。

ポーランドは侵攻当時から未曾有の避難民を温かく受け入れ、軍事支援も積極的に担っている。隣国同士の長年の歴史の怨念を超えて、ロシアの脅威に共に立ち向かう姿勢に敬意を表したい。そこで『ウクライナ／ポーランド支援』とした。

『音楽の力は、人種・民族・宗教・国家を超えて、平和のためにある』——この理想のスローガンをコンサートのサブタイトルとした。

地続きでひしめきあい、争いが絶えなかったヨーロッパの歴史と、ロシア帝国→ソ連邦に蹂躙された歴史を経て、またも苦境にあるウクライナへの祈りにも似た気持ちで掲げた。

しかし曲目選定において早速壁に突き当たる。それは歴史に人生を翻弄されたウクライナ作曲家の出自、国籍が理由だった。

まずは大作曲家チャイコフスキー、当初名曲「懐かしい土地の思い出」を組み入れたが…諸般の事情により断念。チャイコフスキーはザポリージャ・コサックの家系、チャイカ家(カモメの意)の末裔でれっきとしたウクライナ人だ。しかし曽祖父が姓をチャイコフスキーとロシア風に改めた。ロシア帝国支配下では低い階級だったコサックが生き抜くための判断だったろう。確かに彼はロシアの大作曲家としての高い地位に上り詰めたが…

昨年2022年6月、日本の支援者の努力で来日を果たした国立キーウ・バレエは、定番の『白鳥の湖』を演目から外した。チャイコフスキーは現状のウクライナにおいては、悲しくも"裏切り者"なのかもしれない…

そもそも今回の国際秩序を無視した侵略の発端はというと、2014年のクリミア併合に続き、ロシア系住民が数多く、独立を主張した東ウクライナの二州を"ネオナチ=(ウクライナ政府?)から救う"がプーチンの「特別軍事作戦」の理由という。その二州に新たに侵略したドニプロ側東岸のザポリージャ、ヘルソンを加えた四州を強引にロシアに併合した。前述のマウリポリはザポリージャ州にある。

占領下では言語、教育などロシア化を進められている。ウクライナの人々は、どんな生活を強いられているのか？　現在反転攻勢で徐々にウクライナ軍が領土を奪還しつつはあるが…

そのドンバス、ドネツィク州出身の大作曲家プロコフィエフは、現在激戦中のバフムートの生まれ。作品をプログラムに加える理由は十分だが…　しかしやはり除外せざるを得なかった（後述）。

コンサートプログラム

伊東一郎先生のご助言や資料提供で、プログラムは以下の通り。

第一部のウクライナの音楽は、民族を代表する作曲家、ルィセンコ の「ウクライナへの祈り」に始まり、民謡とウクライナの名曲。

第二部はポーランド他の祈りの曲と、沖縄、広島――平和を希求する日本の歌で構成した。

考え得る最良のプログラムと自負している。

ウクライナは民謡の宝庫だ。ロシア帝国によってウクライナ語、民謡など民族のアイデンティティを禁止されても、破壊し尽くされたはずの伝統楽器と共に根強く生き残っていた。豊かな自然と広大な小麦畑、村の祭り、そして母なるドニエプル河を歌う…　そのいくつかを選んで、合唱とオーケストラに編曲した。その作業は旋律の美しさと力強い和声に魅了されながら楽しく進めた。

ヨーロッパ各地を駆け巡ったコサックは、各地に魅力的な旋律を置き土産にした。それはオスマン・トルコの軍隊が行進のリズムをヨーロッパ中に置き土産にして、モーツァルトはじめ沢山のトルコマーチの名曲を生み出したように。ベートーヴェンは、コサック民謡の旋律で美しい歌曲を仕上げている。

『ヘイ！鷹よ』は有名なコサック民謡。勇壮な曲調の中に、祖国を遠く離れて恋人を偲ぶ哀愁も漂う。ウクライナとポーランド両国にまたがり愛唱される国境がない歌だ。今回はポーランド語を採用した。前述のコンサートに掲げたスローガンの理念を叶えることになった。

（プログラムの全容の解説は、伊東先生のレポートをご参照。）

ウクライナ語は難しい。そもそもキリル文字は読めもしない。筆者をはじめソリスト、合唱団にとっての初体験は、伊東先生はもとよりウクライナ避難学生の指導によりクリアーできた。

恥を忍んで吐露すれば、ルィセンコをはじめウクライナの作曲家については、このコンサートの制作プロセスで、詳しく知るところとなった。ソ連崩壊によってそれまで聞き慣れなかったウクライナ出身の作曲家の名前が、徐々に世界に知られることになった。シルヴェストロフ、カプースチン、リャトシンスキー etc.

ロシア侵攻から1年8ヶ月を経た現在、昨今の"支援疲れ""支援離れ"が取り沙汰される国際情勢の中、ウクライナは起死回生の「反転攻勢」をかけている。そんな時、ゼレンスキー大統領の国連演説によりポーランドとの関係にひびが入りかけた。しかしポーランドは支援を続けることを信じたい。

あとがき

ウクライナ戦争によって私が歩んだ70年間の音楽人生は、なんとも不思議な東欧（ソ連）との因縁が時空を超えて…！

プロローグは1953年の9歳。拾った号外には『スターリン死す！』。巨大な見出しに一体この人は誰だ？　その2年後1955年は戦後

10年。ピアノは見ることも触れることも稀な時代に、幸運な機会が巡ってきた。小学5年で初めてのオーケストラと大合唱団の共演でショスタコーヴィチ作曲のオラトリオ『森の歌』の児童合唱を歌う… これが音楽の道への第一歩となった。曲は"偉大な人"を誉め称える内容らしい。それが「号外」の人だなんて知る由もない（指揮は若い故岩城宏之氏）。

　第4曲「ポプラ、ポプラ早く伸びてくれ！"ピオネール"は行く〜」と楽しく歌うと、第5曲、大人の合唱が勇ましく「スターリングラード市民は行進する」は1942年の独ソ決戦の勝利を祝う——史実は市民を巻き込み200万人が犠牲の阿鼻叫喚——しかしショスタコの曲は明るく軽妙な音楽だ。終曲は"偉大な人"を讃える壮大なフーガ。天才ショスタコーヴィチの素晴らしい音楽との出会いが、音楽人生の第一歩となったのだが…。その"偉大な人"はヒットラーと並び称される、歴史最悪の独裁者だったなんて！　そして作曲家が命の代償に作った曲の正体も後で知ることになる。

　その後スターリンの個人崇拝、大粛清が批判され、歌詞からスターリンの影は跡形もなく消えたのだが（筆者はその音楽への道第一歩の名曲を、何度も指揮することになる。ロシア語による日本初演も行った）。

　さて、当時ショスタコーヴィチ、プロコフィエフ、ハチャトリアンなど、ソ連の作曲家たちは「ジダーノフ批判」に晒されていた。文化、芸術に対するイデオロギー統制を社会主義リアリズムのもとに仕切った男がジダーノフ。作曲家には悪魔のような存在だった。少しでも前衛的手法で書こうものなら批判され、従わず抗うとGPU（＝KGB（後にプーチンが所属）の前身）の粛正（銃殺）の恐怖が…

　前作を批判されたショスタコーヴィチは、窮余の一策！　ソ連の自然改造計画の植林事業を讃えた『森の歌』(1949)を作曲。明解な曲に大喜びのスターリンは「ハラショー！」、レーニン賞を受賞し銃殺をまぬがれた。ショスタコさん、世渡り上手と揶揄される所以。

　その悪魔のジダーノフの出身の町が前述のマリウポリ。町の名称にジダーノフを強制され、ソ連崩壊までの40余年にわたりその名前だった。そしてまた悲劇が襲う…。現在の占領下でロシア化を強制され人々は辛い日を送る。

　大作曲家プロコフィエフは、欧米での成功で母国に錦を飾りもてはやされると思いきや、晩年はGPUの足音に毎日怯える日々を過ごし、なんとスターリン死去と同じ日の3時間前に息を引き取った。非業の最後は何とも痛々しい。その日、遠く離れた日本では小学3年の坊やが号外を拾ったわけだ。

　さて「ピオネール」とは植林事業に駆り出された子ども隊の名称。子どもたちにとって辛い過酷な労働だったらしい。ウクライナから拉致された子どもたちと重なる…

　それから20年後チェコの名指揮者コシュラー氏に学ぼうと、チェコスロヴァキア留学を目指すのだが、氏は1968年「プラハの春」で反体制派の方で留学は叶わず…。その後の東欧との付き合いはベルリンの壁崩壊を待つことになる。

　まずは、ポーランドクラクフの合唱団を日本招聘がきっかけで、1990年ワルシャワでベートーヴェン第九交響曲を指揮する。社会主義時代長らく演奏されなかったであろう「第九」。自由を得た感動を聴衆と共有した時は、私にとっての大きな記念碑となった。

　チェコとは1992年、おそらくチェコ初の民間プロジェクト国際音楽祭ヤング・プラハの創設に参画し、日本代表として21年間運営に携わった。例年資金調達に奔走したが、

その間35カ国からの若者に、憧れの音楽の都プラハに活動の場を提供できたことは、人生で最大のパワーをかけた大仕事だった。
音楽には壁はない。ロシアには、ソヴィエト最末期にソヴィエト国立合唱団のためにロシア民謡の編曲を提供し、楽譜出版とCD化された。ポリャンスキー指揮で素晴らしい演奏だった。

エピローグ:

そして独立後の「ウクライナ」とは、恥ずかしながらそのあまりに複雑な交錯の歴史に追いつかず、音楽関連のみの浅い認識だったことを、このほどの戦争で痛感した次第である。私の人生におけるスラヴは、スターリンに始まり、スターリンを憧れるプーチン…70年の音楽人生の回顧だった。

――それでもなお『音楽の力は人種・民族・宗教・国家を超えて、平和のためにある』。
2023年10月21日脱稿

（なかじまよしふみ　作曲家・指揮者、ムラダー・プラハ企画代表、2011年チェコ共和国「ボヘミア芸術の友賞」受賞）

パンフレット（提供：中島良史）

音楽・戦争・歴史――
「ウクライナ・ポーランド支援コンサート」を振り返って考える

伊東 一郎

1. ウクライナ・ポーランド支援コンサートの実現へ

2022年2月24日は1968年8月20日と並んで私の研究史において二つの苦い節目となってしまった。前者はロシアのウクライナ侵攻、後者はワルシャワ条約軍のプラハ侵攻の日付である。そもそもロシア民謡、ウクライナ民謡好きが昂じて[伊東 2022b, 2023]、ただそのために早稲田大学に入学してロシア語とウクライナ語の勉強を始めたのが1968年だった。その年の8月にワルシャワ条約軍のプラハ侵攻という事件が起きた。私が早稲田大学を退職して3年後の2022年2月に今度はロシアがウクライナに侵攻した。半世紀を隔てて繰り返されたあり得ない事件に、その半世紀の間スラヴ民族学研究の道に進み、ロシアとウクライナ双方の民衆文化を研究していた私は大きな衝撃を受けた。と同時にこの事件はウクライナ文化をどうしてもロシア語の目を通して見てきた自分に大きな反省を強いた。

「ウクライナ」の名前が毎日、新聞やテレビで語られ、政治と軍事の話題がマスコミで優先される毎日が続く中、私はスラヴ民族学を専攻するものとしてその立場からウクライナの問題について発信することが必要だと感じていた[1]。日本ではウクライナの民衆文化について知られることがあまりにも少なく、ウクライナの国民音楽、民族音楽の紹介が日本でもっとされるべきではないだろうか、とも感じ、音楽の力でウクライナ支援ができないものか、と考えていたのである[2]。

振り返れば私の学生時代、学生たちはよく歌っていた。ベトナム戦争反対の市民集会ではボブ・ディランの『風に吹かれて』やピート・シーガーの『花はどこに行った』[3]が歌われ、学生たちはデモ行進をしながら『ワルシャワ労働歌』を歌っていた。現代は街頭から歌が消えた時代である。音楽は人を動かす力になるものであるはずなのに。

こんなことも考えながら歯痒い思いをしていた私だったが、こうした事態を前にして義を見てせざるは勇無きなり、と音楽の力でウクライナ支援を、と立ち上がった音楽家が中島良史先生だった。中島先生とはかつて大東音楽アカデミーという音楽専門学校で同僚であった関係で長いお付き合いがあった。先生は2022年8月に緊急にウクライナ・ポーランド支援コンサートを企画されたが、事情で延期になっていて、それを満を持して2023年1月に開催することになった。今回国立キーウ大学から東洋大学に留学中の3人の女子学生の発音指導の協力も受けられるようになった、ということもあり、この機会にウクライナ語による合唱に挑戦しては、と持ちかけたのは私である。そもそも50年前に早稲田大学グリークラブの卒業演奏会で、『広きドニエプルの嵐』を私の編曲でウクライナ語で歌ってから長いことウクライナの合唱曲を歌う機会がなかった。ウクライナ語で歌いたかったのは実は私だったのである。今回のコンサートでは私は曲目解説と司会、クルンコさんへのインタビューなどを担当させていただいた。

ところでウクライナ支援コンサートがなぜ「ウクライナ・ポーランド支援」かといえば、

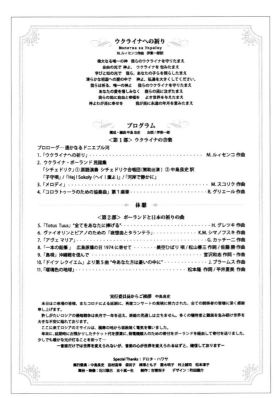

プログラム（提供：中島良史）

の作曲家ミハイロ・ヴェルビツキー（1815-70）がギリシア・カトリックの司祭の家に生まれたのは現在のポーランド東南部のサノク近くの村で、音楽教育はチェコ人から受けている。サノクはもともとウクライナ人の多い地域で両大戦間にウクライナ民族独立運動の拠点のひとつとなっていた。ポーランドをはじめ、スロヴァキア、ルーマニアなどの隣国がロシアのウクライナ侵攻後多くのウクライナ難民を受け入れたのは、単に国境を接していたという理由からだけではなかった。

2.　ウクライナ語でウクライナの歌を！

　じつは最初2022年の8月に予定されていた演奏会ではルィセンコの『ウクライナへの祈り』がオーケストラで演奏される予定だった。これを今回は新たにウクライナ語で歌うことになったのである。国立キーウ大学から東洋大学に留学中だった3人の女子学生にも発音指導をしてもらい、合唱にも加わって貰った。

ミコラ・ルィセンコ
https://commons.wikimedia.org/wiki/File:Mykola_Lysenko.jpg

　ミコラ・ルィセンコ（1842-1912）はウクライナ国民音楽の祖ともいうべき作曲家で、数多くの民謡編曲とウクライナ語歌曲、ゴーゴリの原作によるウクライナ語オペラ『タラス・ブーリバ』、コトリャレフスキー原作の民謡劇『ナタルカ・ポルタウカ』を残している。このほかにも教会スラヴ語による典礼聖歌も数多く残しており、それらは亡命ウクライナ人合唱団によって歌われていたものの、ソ連時代には出版も録音もされなかった。『ウクライナへの祈り』は教会スラヴ語の歌詞によるものではなくウクライナ語の歌詞に作曲された。従って純粋な典礼音楽ではないが、オレクサンドル・コシッツなどの合唱編曲で知

ポーランドともともと太いパイプを持っていらした中島先生が、ポーランドを通じて義援金をウクライナに届ける、という計画を持っていらしたからだが、それだけではない。国境を越えたウクライナ民族の分布という観点から一言。ウクライナは19世紀にはその西部がオーストリア領ガリツィアに含まれ、ロシア帝国崩壊後は第二次世界大戦までポーランド領であった。現在のウクライナ共和国の国境が確定するのは、第二次世界大戦後のことだが、そのウクライナの国境はウクライナ人の民族分布とは必ずしも一致していない。現在のポーランド東部のみならず、東スロヴァキア、ルーマニア北部のブコヴィナには古くから多くのウクライナ人が居住していた。私自身、東スロヴァキアのウクライナ人居住域で民族学調査を行ったことがある。現在のウクライナ国歌『ウクライナ未だ死なず』

られ、ソ連時代には公には歌えなかったが、1991年の独立後広く第二国歌のように歌われるようになった。1994年に録音されたウクライナ国立ドゥムカ合唱団のクリスマス聖歌集の最後には最後にこの曲が歌われ、盛大に教会の鐘が鳴らされていた。しかし「偉大なる唯一の神よ、我らのウクライナを護りたまえ」という歌詞が現在これほど痛切に響くとは！ 練習で一緒に歌ってくれたキーウからの留学生たちが「感激です！」と言ってくれたのが忘れられない。

　それ以外にもウクライナ民謡をもう一曲、ということで私が推薦したのは『シチェドリク』だった。英語圏で『鐘のキャロル』の名で知られているこの曲はウクライナの作曲家・合唱指揮者ミコラ・レオントヴィッチ（1877–1921）がクリスマスの民間の儀礼歌をアカペラの混声四部合唱用に編曲したものである。四音が反復され鐘の音を思わせる単純な音型が繰り返し歌われる。レオントヴィッチはロシア革命前後にウクライナ国内で活躍し、民謡の多くの無伴奏合唱曲への編曲、ウクライナ正教典礼のための合唱曲、未完のオペラ『ルサルカの復活祭』などを残した。レオントヴィッチはボリシェヴィキの秘密警察によって暗殺されるという悲劇的最後を迎えるのだが、そのせいかソ連時代には顧みられることが少なかった。

　この曲は日本でも早く大胡敏夫氏によって1969年に翻訳・出版されている。ちなみにこの民謡はドン・コサック合唱団が男声合唱版を録音していた。亡命ロシア人の男声合唱団であるこの合唱団にはもともと多くのウクライナ人歌手が参加しており、多くのウクライナ民謡をレパートリイとしていた。それは1968年に来日予定だったソ連の赤軍合唱団も同様だったのである。その初の日本公演はワルシャワ条約軍のプラハ侵攻のために中止となったのだが。

　ところで『シチェドリク』が英語圏で広く知られるようになったのには理由がある。この曲は1900年代初頭に作曲され、1916年にキーウ大学学生合唱団によって初演され、その後やはりウクライナの作曲家で合唱指揮者のオレクサンドル・コシッツ（1875-1944）の創立したウクライナ共和国合唱団が1919年以降、ヨーロッパと南北アメリカを巡演した際にこの曲を広めた。コシッツはレオントヴィッチが没した直後の1922年にニューヨークのカーネギー・ホールで初演している。

　ところで1936年にこの曲にアメリカで、やはりウクライナ系の作曲家ピーター・ウィルホウスキー（1902-78）が原詩とは全く異なる英詩をつけ、『鐘のキャロル』の題名で広く歌われるようになった。日本でも最近公開されたウクライナの女性監督オレシア・モルグレッツ＝イサイェンコ監督の映画『キャロル・オブ・ザ・ベル　家族の絆を奏でる詩』はこの歌をモチーフに、ウクライナ、ポーランド、ユダヤ人の3家族の第二次世界大戦時の苦難と運命を描いている。

3. プログラム第一部「ウクライナの音楽」

　第一部「ウクライナの音楽」の冒頭ではタラス・シェフチェンコ（1814-61）の詩による民謡『広きドニエプルの嵐』«Реве та стогне Дніпр широкий»を司会の私が紹介し、「ウクライナのテーマ」としてオーケストラで演奏された。その後で私がシェフチェンコの詩がいかに彼が愛したウクライナ民謡に霊感を受けていたか、その詩作が作曲家、民謡研究家としてのルィセンコにどのような影響を与えたかを紹介した。タラス・シェフチェンコは自らも民謡を収集していたし、多くのウクライナ民謡の名を処女詩集『コブザール』の冒頭を飾る「ペレベンヂャ」の中で挙げている。またシェフチェンコの詩の多くが民謡化している。『広きドニエプルの嵐』もバラード『気

がふれた娘』の冒頭の詩にД.クリジャニウスキーが1870年から1880年にかけて作曲したものが民謡化したものである。筆者は1969年に来日したウクライナ国立バンドゥーラ合唱団の演奏会でこの歌を聴き、大きな感銘を受けたことを覚えている。この歌もウクライナでは第二国歌のように歌われている。筆者はウクライナ独立直前の1990年にキーウで開催されたフォークロア関連の国際シンポジウムに出席したが、その時開かれた野外フェスティバルでこの歌が歌われた際、スタジアムを埋めた観衆が全員起立したのを今でも覚えている。

その後に「ウクライナ音楽」の部の幕あけに相応しく『ウクライナへの祈り』が無伴奏の混声合唱でウクライナ語で歌われた。

その後4曲のウクライナ民謡が歌われた。ウクライナ民謡は美しい旋律で知られるものが多く、ポーランドとロシアの民謡の双方の影響が見出せる。ロシアでは18世紀末に出版された最初の『楽譜付きロシア民謡集』の1806年版の第2版に10曲余りのウクライナ民謡が収録されている。この民謡集はチェコ出身の音楽家イワン・プラーチが楽譜を、ロシア文化の多方面に才能を発揮した文化人リヴォフが歌詞を担当して出版されたもので、当時広く人口に膾炙した。外交官でアマチュア音楽家であったラズモフスキーはこの民謡集をウィーンでベートーヴェンに紹介し、彼はこの民謡集に収録されていたウクライナ民謡 «Їхав козак за Дунай» をピアノ、ヴァイオリン、チェロ伴奏付きの独唱曲に編曲している [Soroker 1995:25-27；Нудьга 1989:189-97]。この歌はセメン・クリモフスキーの作詞・作曲による歌曲が17世紀末に民謡化したものだったが、古くオーストリア領ガリツィアのウクライナ人にも知られ、そこから西欧に早くから知られていたらしい。

ウクライナ民謡の最も古い層は、ウクライナにキリスト教が導入される以前から農耕生活にまつわる年中行事に伴って歌われていた農耕儀礼歌である。その中で最も重要なのが、クリスマスに重なる冬至の時期に来たるべき年の豊穣を祈願して歌われるシチェドリウカである。ウクライナ民謡の第1曲として歌われたのが上述の『シチェドリク』である。『シチェドリク』«Щедрик»はウクライナ民謡を日本でウクライナ語で歌っているシチェドリク合唱団とキーウ大学からの留学生3人と私によってまずウクライナ語版がアカペラで、次にコハユ合唱団によって中島先生訳の日本語版がオーケストラ伴奏で歌われた。キーウ大学からの留学生にもナレーションを手伝っていただいた。

そのあと歌われたのは『子守唄』。ウクライナ民謡『窓辺を眠りが行ったり来たり』«Ой ходить сон коло вікон»が日本語訳詩で澤江衣里さんのソプラノ独唱とミイル室内管弦楽団によって演奏された。「〈眠り〉と〈まどろみ〉が子供の窓辺を訪れて今日は誰の家を訪れようか」と囁きあう愛らしい歌。原曲はオレクサンドル・コシッツの合唱編曲である。ウクライナには多くの子守唄が伝承されているが、ソ連時代の家庭で歌われていたのはロシア語の子守唄ばかりで、ウクライナ語の子守唄は殆ど歌われていなかったらしい[4]。

その後に歌われたのはポーランドとウクライナの双方に知られている勇壮な『おお鷹よ』«Hej, sokoły»» «Гей, соколи»。今回はオーケストラ伴奏の男声合唱でポーランド語で歌われた。若いコサックが故郷のウクライナを後にして愛する娘に別れを告げる、という内容のこの歌は19世紀には原型ができていたが、ロシア革命直後のソビエト・ポーランド戦争と第二次世界大戦中ポーランドで特に兵士の間に広まったという。この歌にはウクライナ語とスロヴァキア語のヴァージョンがあるが、いずれもポーランド語歌詞の翻訳である。

作曲者は不明だが、一説ではウクライナ語でも詩作したロマン主義時代のポーランドの詩人・作曲家トマシ・パドゥラ（1801-71）[5]、あるいは古典的作曲家マチェイ・カミェンスキ（1734-1821）とも言われている。

その後に中島先生の日本語訳で澤江さんのソプラノ独唱と合唱、オーケストラで演奏されたのは、美しい抒情歌『川岸で静かに』«Тихо над річкою»である。原曲はスピリドン・チェルカセンカが1906年に書いた詩にポルフィーリイ・バチュークが1922年に児童合唱用に作曲したもの。日本で活躍するバンドゥーラ弾き語り歌手ナターシャ・グジーの早くからのレパートリイであった。

次に岸本萌乃加さんのヴァイオリンとオーケストラで演奏されたのがミロスラフ・スコリク（1938-2020）の「メロディ」。この曲は映画『高い峠』（1981）のための音楽として書かれた。2007年に歌詞が作られ、1930年代のウクライナ大飢饉（ホロドモール）の死者を追討する歌となった。スコリクはリヴィウ生まれの作曲家で、その祖母はリヴィウ出身でプッチーニの『蝶々夫人』の再演を成功に導いた伝説的ソプラノ、ソロメヤ・クルシェリニツカの妹だった。1963年にセルゲイ・パラジャーノフはウクライナでコツュビンスキーの民話小説『忘れられた祖先の影』をコツュビンスキー生誕100年を記念して映画化しているが（邦題『火の馬』）、その際に音楽を担当して注目されたのが若きスコリクだった。彼はこの映画音楽をもとに組曲『フツル三部作』を作曲している。彼は西ウクライナがソ連領となった戦後の1948年から53年まで反ソ文書を流布したという虚偽の密告により西シベリアに流刑になっている。

その後にレインハルド・フリエール（グリエール）（1875-1956）の『コロラトゥーラ・ソプラノのための協奏曲』から第一楽章が歌われた。フリエールはキーウに生まれた作曲家だが、父はドイツ人、母はポーランド人だった。モスクワ音楽院で学んだ後、キーウ音楽院作曲科の教授を務め、1915年から20年まで院長を務めた。ウクライナに題材を取った交響詩『ザポリージャ・コサック』を1921年に書いている。フリエールは後にモスクワに移り、バレエ曲『赤い芥子』（1927、後に『赤い花』と改題）などを書いた。声楽曲としては後期ロマン主義の様式で多くの歌曲を書いたが、ウクライナ語の声楽曲は書いていない。『コロラトゥーラ・ソプラノのための協奏曲』は1943年に作曲されたヴォカリーズ形式の優美な佳品である。

4. プログラム第二部「ポーランド、ドイツ、日本の祈りの歌」

第二部「ポーランドと日本の祈りの歌」では、最初にポーランドの作曲家の作品が2曲演奏された。早くからカトリックの国として独自の音楽文化を発展させてきたポーランドだが、ショパン以外のポーランド音楽が日本に知られることは少なかった。オペラと歌曲に民族主義的作品を多く残したモニューシコのあと、近代から現代にかけてのポーランド音楽の発展はめざましい。音楽における現代ポーランドと日本の絆は深く、今回は曲が演奏されなかったポーランド楽派の中心的作曲家クシシトフ・ペンデレツキは1960年に弦楽合奏曲『広島の犠牲者に捧げる哀歌』を書いている。それにしても核の威嚇をちらつかせるプーチンはアリフレード・シュニトケが1958年にオラトリオ『長崎』を作曲していたことを知っているのか？[6]

第二部の最初に歌われたのはポーランドを代表する現代作曲家ヘンリク・グレツキ（1933-2010）の『すべてをあなたに捧げる』。アカペラの混声合唱によって歌われた。歌詞は1978年に史上初めてポーランド出身のローマ教皇となったヨハネス＝パウロ2世の

座右の銘だったと言われる聖母マリヤ讃歌である。私が国立民族学博物館の公用ではじめてワルシャワを訪れたのはヨハネス=パウロ2世即位後まもなくの1980年の秋のことだったが、日曜日には、ヴァチカンから同時中継されていたミサのラジオ放送が街の至るところから聞こえていたのを思い出す。ヤルゼルスキによって戒厳令がしかれたのはその直後の1981年。しかしヨハネス=パウロ2世は1983年にポーランドを訪問し、同年に戒厳令は解かれた。ヨハネス=パウロ2世はポーランドのみならず、東欧の民主化に大いに貢献し、ソビエト連邦崩壊前後にロシアをのぞくスラヴ諸国を次々と訪問した。ギリシア・カトリックが西部で優勢なウクライナをも2001年に訪問し、その際にウクライナで記念切手が発行されている。『すべてをあなたに捧げる』は1987年のヨハネス=パウロ2世の3度目のポーランド訪問を契機に生まれた。

　次に演奏されたのはショパン以後のポーランド近代音楽において最も有名な作曲カロル・シマノフスキ（1882-1937）の『ヴァイオリンとピアノのための夜想曲とタランテラ』である。岸本さんのヴァイオリン、高橋ドレミさんのピアノで演奏された。ちなみにシマノフスキはロシア帝国時代のウクライナ、キーウ県ティモショフカに生まれ、この曲も1915年にキーウでの戦争犠牲者支援コンサートで初演されている。このウクライナ・ポーランド支援コンサートで演奏されるのに相応しい曲であった。

　次にカッチーニ作曲と伝えられる聖母讃歌『アヴェ・マリア』をソプラノ独唱と女声合唱、オーケストラで演奏した[7]。

　聖母マリアにちなんだ曲が2曲演奏されたところで、私がゆくりなくも思い出した詩があった。才能ある象徴主義詩人として出発しながら、第二次世界大戦後は空疎なウクライナ社会主義共和国国歌の作者として名を残す

ことになったパウロ・ティチーナ（1891-1967）[8]が、ロシア帝国崩壊直後ボリシェヴィキとウクライナ民族主義者との衝突によって荒廃したウクライナを「哀しみの聖母」として描き出した『哀しみの聖母』«Скорбна мати»（1918）である。

聖母は畑を歩んでいた——
緑豊かな麦畑を
すると我が子の弟子たちが行き会い、声をかける——
「マリアよ、喜べ」と

「マリアよ、喜べ
私たちはイエスを探しています
エマウスに行くには
どの道を行けばいいのですか？」

マリアは血を知らぬ
白百合のような手を挙げて言った——
「あなた方が行くべきはユダヤの地ではありません
ガリラヤからもお戻りなさい

「それよりもウクライナにお行きなさい
どの小屋でもいいから立ち寄ってごらんなさい——
きっとそこで見せてくれるでしょう
少なくともあの子の十字架刑の影を」

パウロ・ティチーナ
PD-Ukraine https://uk.
wikipedia.org/wiki/
Файл:Тичина_Павло.gif

シェフチェンコの叙事詩『マリヤ』と響き交わしているこの詩はロシアとウクライナに広く知られたアポクリフ『聖母の地獄巡り』にモチーフをとっている。ここでは聖母は母なるウクライナの象徴であり（ウクライナの名はウクライナ語では女性名詞である）、彼女が歩むのはもはや地獄ではなく、荒廃した現実のウクライナの野である。聖母であるウクライナの「子」とはすなわちウクライナの民にほかならない。その同じ情景が1世紀後の今まさに繰り返されているのである。

次に半世紀前に戦争の悲惨さを経験している日本の歌が2曲歌われた。『一本の鉛筆』と『島唄』である。1945年8月の原爆投下では広島と長崎で20数万人が亡くなっている。美空ひばりは1974年の第一回広島平和音楽祭で、松山善三作詞・佐藤勝作曲の『一本の鉛筆』で反戦平和を歌い、1981年にヨハネス＝パウロ2世は広島を訪問し、「平和アピール」を発表した。ポーランドと日本からの平和への祈りをこめてこの歌が歌われた。

現在もウクライナでは数多くのウクライナ、ロシアの兵士たちが毎日命を落としている。振り返れば我が国でも1945年の4月の沖縄戦では10万人が亡くなっている。宮沢和史作詞・作曲の名曲『島唄』(1992) は中島良史の編曲により合唱とオーケストラで反戦の祈りを込めて歌われた。コンサートに参加されたキーウ大学からの留学生クルンコさんが大好きになった曲である。

その後に歌われたのはブラームス (1833-97) のドイツ・レクイエム (1868) の第5曲「あなた方は今悲しんでいます」。歌詞はヨハネ福音書とベンシラの知恵、イザヤ書からとられ、主題は「慰め」である。曲は聖母の声のように「あなた方を慰めましょう、母がその子を慰めるように」と結ばれる。ソプラノ独唱と合唱、オーケストラで演奏された。

最後に歌われたのは松田聖子が歌った松本隆作詞・平井夏美作曲の『瑠璃色の地球』(1986)。混声合唱とオーケストラで歌われた。「瑠璃色の地球」がいつまでも続くこと、「夜明けのこない夜はない」ことを信じて。

盛大な拍手に応えてアンコールには日本語とナターシャ・グジーによるウクライナ語訳で全員で『故郷』を歌った。「忘れがたきふるさと」«О, незабутняя, Земле моя!» という歌詞をキーウからの留学生たちはどんな気持ちで歌ったのだろうか。

注

(1) 私自身この立場から概説的な文章を書いている [伊東　2022a]。またロシア・ソヴィエト民族学とスラヴ民族学という二つの相における「ウクライナ民族学」についての論考を執筆中である。

(2) 現在まで日本においては独立したウクライナ音楽史は書かれていない。ウクライナ語の歌詞を掲載したウクライナ歌集は大胡敏夫氏の『ウクライナ歌集』(私家版) があるのみである。

(3) ピート・シーガーの作詞作曲による『花はどこへ行った』の起源がロシアにあることはよく知られている。この歌はショーロホフの『静かなドン』の冒頭に引かれているドン・コサックの口承の子守唄に触発されて生まれた [伊東　1989a]。

(4) [ホメンコ　2014]参照。ウクライナの伝統的な子守唄は実際には数多く伝えられている。キーウで出版されたウクライナ口承文芸双書の一巻『児童フォークロア』«Дитячий фольклор. Колискові пісні та забавлянки» (Київ, 1984) には900あまりの口承の子守唄が収められているのだが。

(5) ロマン主義時代のロシアでウクライナ語で詩作を試みた詩人は皆無であったのに対して、ポーランドでは多くの詩人がウクライナ語で詩作を残しており、アンソロジー «Українською мовою натхненні (Польскі поети, які писали українською мовою) » (Київ. 1971) が出版されているほどである。

(6) この曲は2009年にロジェストヴェンスキー指

揮の読売交響楽団によって日本初演された。またオバマ大統領が広島を訪問した2014年に再演された。

(7) 事後報告となるが、カッチーニ作曲と伝えられていたこの曲は、実はソ連時代のロシアのギタリスト・リュート奏者、ヴラジーミル・ヴァヴィーロフ (1925-73) がカッチーニの名を騙って1968年頃作曲したものだということが最近分かった。私の手元にあるソ連のメゾソプラノ、イリーナ・ボガチョーワのCDでは彼女がこの曲をオルガンとヴァヴィーロフのリュート伴奏で歌っている (1973年録音)。ヴァヴィーロフは自分がカッチーニの名を騙って書いた音楽が、ロシアによって惹き起こされたウクライナの戦争被害者を支援するコンサートで歌われるとは思わなかっただろうが、音楽が人々を分断するものではなく結びつけるものであるとしたら、この日にこの曲が演奏されたことは偶然とはいえ相応しいことだったかもしれない。

(8) ティチーナについては[伊東1989b]参照。

文献

伊東一郎　1989a「歌はどこへ行った」(「ロシア民謡こぼればなし」)『NHK ラジオ　ロシア語講座』1989年4月号

── 1989b「パヴロ・トゥイチナの栄光と悲惨」『詩と思想』9号　1989

── 2022a「ウクライナの歴史と文化──ロシアとのかかわりのなかで」『季刊　民族学』182号

── 2022b「ウクライナの歌と私」(上)『なろうど』85号

── 2023「ウクライナの歌と私」(下)『なろうど』86号

ホメンコ、オリガ「子守唄を集める女性」(『ウクライナから愛をこめて』所収) (群像社、2014)

レオントヴィッチ編曲『四つのウクライナ民謡』大胡敏夫訳詩［糸紡ぎ/向こうの小川で/シチェドリク/笛吹き］(混声合唱) 音楽之友社 1969

Львов, Н., Прач, И. Собоание народных песен с их голосами. 2 изд.Санкт-Петербург. 1806.

Нудьга, Г. Українська пісня в світі. Київ.1989.

大胡敏夫『ウクライナ歌集』私家版 2014

Soroker,Y. Ukrainian Musical Elements in Classical Music. Edmonton,Toronto. 1995.

(いとういちろう　早稲田大学名誉教授／スラヴ文化史)

『ウクライナへの祈り』　原題 Молитва за Україну

コニスキー作詞、ルィセンコ作曲　伊東一郎、テチャナ・クルンコ共訳

神よ、偉大なる唯一の神よ
私たちの　ウクライナを　護りたまえ！

自由の光で、学びと知の光で、
あなたの子らを　照らしてください
この土地への純粋の愛で
私たち神の子らをお育てください

私は祈ります、唯一の神に祈ります
ウクライナの安全をお守りください
そして、あなたのすべての優しさと恵みを
私たちの民にお与えください

我らに自由と幸福を、
よき世界を与えたまえ！
神よ、人々に幸せを、
そして、永遠の年月を恵みたまえ！

ウクライナ留学生として日本に滞在して

クルンコ テチャナ

日本に留学

2022年2月24日、ロシアのウクライナ侵攻が始まって以来、私の人生は根本的に変わりました。その変化の中で、私は日本での留学の機会を得ました。これは子供の頃からの夢でしたが、戦争の影響で達成することができたことに対する喜びと、同時にそれを楽しむことができないという悲しみが入り混じっていました。

日本では、さまざまな困難に立ち向かいながら、日本や日本人について、そして私が知らなかったウクライナと日本の繋がりについて多くの興味深いことを学びました。

2022年の春に東洋大学での勉強を始めたとき、私が心配していたことはただひとつでした。母国での戦争で大切な人々が危険にさらされている中で、恐ろしい現実から離れて勉強することができるのかということでした。それは難しい課題であることがわかりましたが、私にできる唯一のことは、ウクライナについて日本の人々に伝えることだと感じました。

日本人とウクライナ

東洋大学では異文化コミュニケーションに関するさまざまな授業がありました。日本人の学生たちと話していて、彼らの多くがすでにウクライナについて知っていることに驚きました。私たちはウクライナ語、ウクライナの文化、歴史について話しました。中には歴史上の人物であるマフノに興味を持ち、ウクライナ語を学ぶための本を見せてくれた学生もいました。ある学生はウクライナの音楽に興味を持ち、別の学生は国の料理に興味を持ち、また別の学生は文化の違いについて学びたいと思っていました。最も重要なことは、彼らが質問を恐れないことでした。日本人はウクライナについて知りたいと思っており、積極的に質問してくれました。

そこで、他のウクライナ出身の学生と協力し、宿題としてウクライナ語の授業を開催し、基本的なウクライナ語のフレーズを教えることにしました。その後、日本のウクライナ大使館から招待を受け、私たちは幸運にもウクライナ語の会話クラブの一員となり、日本人に文法や語彙などを教えることができました。数年間の勉強の成果として、日本人の口から自国の母国語を聞くことができるなんて、信じられないほどの経験でした。これは文化と言語の交流の一部でした。

学内外でのウクライナに関するイベント

大学では異文化コミュニケーションの専門授業を受けるだけでなく、ウクライナを支援するためのインタビューやさまざまなイベントにも招待されました。さらに、ウクライナの学生たちも何度も新聞やテレビなどで取り上げられました。日本人がウクライナに対する関心を持ち続けていることを実感できて、とても嬉しかったです。

私の観客として初めて参加したコンサートは、2022年7月7日に行われたオレフ・クリサ〔オレグ・クルイサ〕の「我が祖国コンサート」でした。このコンサートはウクライナ支援のために開催され、感動的な瞬間でした。

8,000キロも離れた地でウクライナの歌を聴いた経験は、私にとって忘れられません。ステージの上でウクライナ人が涙を流しながら祖国の国歌を歌う姿は、本当に感動的でした。しかし、私の子供の頃に大好きだった、世界的に有名な曲『シュチェトリク』を聴いた瞬間、私は涙が溢れました。祖国への悲しみの傷が、癒えることなく再び心に刻まれました。ウクライナが独立のためにどれほど勇敢に戦っているかを誰も忘れないように、私たちの歌は世界中のコンサートホールで大音量で演奏されるべきです。

このコンサートの後、ウクライナ系アメリカ人の優れたヴァイオリニスト、オレフ・クリサが東洋大学を訪れ、私たちは彼と直接対話し、ウクライナの文化を海外に広めるという重要な使命を果たしてくれたことに感謝しました。これは非常に感動的な出会いでした。祖国から引き離された際、国民全体が共感し、集団的な悲しみを共有することがあります。それが団結する感情です。この感情こそが、私たちがオレフ・クリサと過ごしたあの夜に感じたものでした。

ウクライナ関連の多くのイベントへ行きましたが、それまでは直接参加することができませんでした。幸運にも国分寺市で開催された8月18日のチャリティー「ウクライナ応援コンサート」に参加する機会がありました。

親しい友人たちから招待され、ウクライナの文化や歴史について講演する機会を得ました。この講演の準備には1カ月以上もかかりました。元々、公の場で話すのが得意ではなかったため、非常に難しい課題でした。しかし、テレビやニュースでは伝わらない情報を聴衆に伝えられたことを嬉しく思います。私は本格的な侵攻が始まった当初、その出来事の震源地にいた経験から、伝えたいことが多くありました。戦争の悲惨さ、ウクライナのシンボル、神話上の生き物、独立闘争の歴史

など、私の講演は幅広いトピックを扱いました。(＊)

2022年8月18日国分寺市ウクライナ応援コンサートでの講演（提供：筆者）

すべてが順調に進行したかどうかについては疑念がありました。それは、ここ数年間日本語を学んできたとしても、外国語で公的なイベントを実施することは大きな責任を伴うからです。しかし、コンサートが終わり、観客から私のプレゼンテーションに対する心からの祝福と感謝の言葉をいただいた瞬間、私は自分の目標が達成されたこと、つまり私のストーリーが多くの人の心に響いたことを感じました。

このような機会を得たことに本当に幸せでした。主催者と友人たちに心から感謝しています。

＊東京都国分寺市公式ホームページ「令和4年8月の公務日誌」"8月18日（木曜日）　ウクライナ応援コンサート" https://www.city.kokubunji.tokyo.jp/heya/ugoki/1028654.html

このコンサートで、私は幸運にも中島良史先生と知り合うことができました。

私のプレゼンテーションの後、中島先生は私を2023年1月の自分のチャリティーコンサートに招待してくれました。このような重要なイベントに参加することは大変でしたが、ウクライナのためにもう一度何かできることに喜びを感じました。

こうして、嬉しいことに、私たちは連絡を取り合い、今回のコンサートについて考え始めました。私の友人である他のウクライナ人学生も招待することになりました。彼らは音楽の分野での経験が豊富で、合唱団の一員として参加できる素晴らしい機会でした。

しかしこの間、コンサートの準備だけでなく、日本の美しい場所を訪れました。中島先生には心から感謝しています。

筆者と中島良史代表（提供：中島良史）

合唱団がウクライナの歌を演奏できるように準備するのは非常に興味深いものでした。リハーサルでは、ウクライナ語の発音や日本語との違いについて説明しました。日本人の合唱団が母国語で歌っているのを聞くのは驚くべきことで、彼らが練習を重ねるごとにより自然に歌えるようになっていることに気づかされました。

しかし、コンサートのプログラムはウクライナの歌だけではありませんでした。合唱団はポーランドの曲（例として、«Hej, sokoły»）も歌わなければならず、私はポーランド語を少し知っていたので発音も手伝いました。もちろん、日本語も歌いました。私のお気に入りの曲は、間違いなく『島唄』でした。リハーサルで初めて聞いたとき、涙が出るほど感動しました。

もちろん、大学で忙しい一日の後にリハーサルに臨むのは大変なこともありましたが、最終的な目標を理解し、コンサートチームの誠実さとサポートがあったので、その苦労もすぐに報われることを感じました。

コンサートの前日、2023年1月19日にゲネプロが行われました。その時から、人前で話さなければならない翌日のことが心配になりました。友人たちは合唱団で歌わなければならず、私は観客の前でインタビューに答えなければなりませんでした。日本語が混乱しないか、何かを忘れないかと心配しましたが、ベストを尽くすつもりで臨みました。

1月20日コンサート当日、早めに到着してプログラム全体のリハーサルと衣装の準備を行いました。責任が大きかったため、朝はかなりストレスがたまりました。しかし、コンサートが始まり、ほぼ満席の観客が集まると、気持ちがもっと楽になりました。ステージに上がり、スポットライトを浴び、マイクを向けられた瞬間、緊張を感じましたが、すぐに気を取り直し、自分の勉強や学士論文、ウクライナでの生活について質問に答え始めました。全てがうまくいきました。友人たちは合唱で見事な演奏を披露し、聴衆は歌に魅了され、中島先生はコンサートの最後まで私たちを支えてくれました。コンサートの最後には、中島先生と一緒に短いスピーチをしました。私はコンサートに来てくれたウクライナの人々にウクライナ語で挨拶し、運命が私たちに投げかけた試練に立ち向かう強さを皆に祈りました。

私は2023年2月に帰国しましたが、このような興味深い経験をさせていただき、心から感謝しています。日本での学習は困難で、ホームシックに悩まされましたが、喜びを見出し、素晴らしい人々と出会えたこと、そして何よりもウクライナに少しでも役立てたことができて、非常に嬉しいです。

（くるんこ・てちゃな　シェフチェンコ記念キーウ国立大学日本語学科卒）

フォトギャラリー ウクライナ支援コンサート

撮影：中村義政

◀中島良史（主催・指揮）と
テチャナ・クルンコ

伊東一郎（司会）による
インタビュー▶

◀伊東一郎（中央、司会・歌）

▲▼ステージで歌うウクライナ
　留学生たち

◀ウクライナ留学生たち
（アリーナ・ポノマレンコ、
オリガ・カラッパ、
テチャナ・クルンコ）と
澤江衣里（ソプラノ）

ウクライナ留学生と
中島良史▶

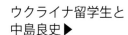

ウクライナへの支援物資

▲支援物資を積み込むポーランド支援団体の
　シスターとボランティア

▲支援物資と支援団体のシスター

▲「ウクライナの姉妹に頼まれた」支援物資

主の平和！

こんにちわ。
Lublinからの感謝の手紙と写真を送ります。この修道院の
院長は感謝と共にどのように寄付金を使いますと。
写真に見えるように向こうから頼まれたものを準備してい
ます。ウクライナに燃料はとても高くなりましたので現金
は援助として送ります。大体月に一回援助を送ります。う
ちの修道院は中心になっているがたくさんの教会、店など
の協力しています。
うちの修道院はウクライナに二所にいます。

心から感謝いたします。皆様に祝福がありますように。

マウゴジャfmm

▲在ルブリン　シスター・マウゴジャからの
　メッセージ（原文ママ、2023 年 5 月）

提供：ムラダー・プラハ企画（吉種悦子）

多角的に「ウクライナ戦争」とその影響を考えるために

蓮見　雄

ロシアのウクライナ侵攻から1年を経た2023年2月25日、ユーラシア研究所は第35回総合シンポジウム「ウクライナのさまざまな選択」を開催した。さらに一年がたとうとしている今日、ウクライナ戦争を先行きは依然として不透明である。なぜこのような戦争が起こったのか、それが世界にどのような影響を及ぼすかは引き続き多角的に議論すべきことだが、優れて論争的な問題でもある。広く流布されている「民主主義」対「権威主義」といった二項対立的な議論は、問題の一面を照らし出すという点において有益な視角である。だが同時に、それは観察者が無意識のうちに二項対立の枠組に影響され多角的な視点を見失ってしまうリスクをも伴っている。このような状況下で、ウクライナの多様な相貌を理解する試みは、まだ不足しているように思われる。ユーラシア研究所が「内側から見たウクライナ」をテーマとしてシンポジウムを開催したのは、それ故であった。

今回、寄稿して下さったのは松嵜英也氏と竹内大樹氏である。いずれもいささか歯ごたえのある論文だが、まさにウクライナの多様な相貌の一端を明らかにしてくれる。松嵜論文は、客観的なテクスト分析を通じてロシアの支配言説に対する批判的視座を確保しようとする試みである。竹内論文は、言語政策という視角から、ウクライナの国民形成と「ロシア語系住民」の社会統合という課題を明らかにしている。いずれも、ウクライナの「内」なる多様性を理解する一助となる。

なお、もう一人の講師である金子泰氏の論稿「ポーランドにおけるウクライナ人：同国の移民政策との関連から」およびフォトギャラリー「ウクライナ避難民を受け入れるポーランド・ワルシャワ　2022年2月〜 3月」が、『ユーラシア研究』67号に掲載されている。同号には、2022年3月11日に開催した第34回総合シンポジウム「ウクライナ危機再燃」の3人の講師による論稿も収録されている。是非、67号もあわせてご参照いただきたい。

経済の視点から付言すれば、①ウクライナ経済は、一般に親ロ派とされているヤヌコービチが大統領であった2012年から既に急速にロシア離れとEU接近を強めており、②これはロシアが脱欧州市場依存を目指して「東方シフト」を強化し始めた時期とほぼ一致している。その後、①はウクライナのEU加盟交渉へとつながり、②は経済制裁下のロシア経済を新興国が下支えしている。2023年10月に公表されたIMFの予測によれば、2023年のロシア経済は2.2%成長である。グローバルサウスの大半は、G7が主導する経済制裁に同調せず、ロシアとの通常の経済関係を継続している。つまり、ウクライナの「外」の世界は多極化しており、結果的に、これによって「孤立」しているはずのロシアの経済は「支援」される。

すなわち、ウクライナの将来を考えるには、ウクライナの「内」と「外」の多様性をともに理解し、いかに適応していくかが重要となる。これからも、多角的に考えるヒントを提供するユーラシア研究所の試みにお力添えをいただければ幸いである。

はすみ　ゆう（ユーラシア研究所事務局長）

ウクライナにおける国民形成と言語政策

竹内　大樹

はじめに

　2014年3月のロシアによる「クリミア併合」および2022年2月24日以降続く「特別軍事作戦」が、ロシア語を母語とする住民（以下、ロシア語系住民）の保護を口実としていることはよく知られている。本稿は、ウクライナではロシア語の地位をめぐっていかなる動きが生じているのか、2012年言語法制定と廃止の経緯およびそれ以降の展開に焦点を当てて論じる[1]。

1. 前史

　ソ連時代のウクライナでは、フルシチョフ期に行われた教育改革以降、ウクライナ民族が教育を通じてロシア化する傾向にあった。そこで、1989年言語法はウクライナ語を唯一の国家語と規定すると同時に、ウクライナ民族のロシア化を食い止めることを目指していた（塩川2004, 219）。この方針には主に東部住民がロシア語の第二国家語化を掲げて抵抗した[2]が、1996年憲法10条1項でもウクライナ語が唯一の国家語と定められた。他方で、3項では「ウクライナでは、ロシア語及びウクライナの民族的少数者の言語の自由な発展、使用及び保護が保障される」とされ、ロシア語は「民族的少数者の言語」として憲法上保護されることになった[3]。なお、3項でロシア語が他の「民族的少数者の言語」と区別された理由は、ウクライナでロシア語が広く話されており、社会的政治的妥協点を形成する必要があったからだとされる（Берназюк et al.,2018, 29）。

2. 2012年言語法

2-1. 背景：「国家語＝ウクライナ語」の地位強化の挫折

　オレンジ革命を経て2005年1月にヴィクトル・ユシシェンコが大統領に就任すると、経済の低迷を背景に、これまで大統領を務めてきたクラフチュク、クチマとは異なり、言語問題、教会問題、歴史再評価問題などの「アイデンティティ」に関する争点を押し出すようになった（松里2020, 280-282）。同年1月23日にユシシェンコがキーウのマイダン広場で行った演説では、「親の言語で子どもを教育することができる」ことを筆頭に、言語的・宗教的多様性を尊重することが謳われていた一方で、その力点は言語・宗教・政治観により分断されない「不可分一体のウクライナ国民」の創出に置かれていた（Українська правда 2005）。このような方針は、言語政策分野においては「国家語＝ウクライナ語の地位強化」、同時に「ロシア語の影響力低下」と結びついた。

　ユシシェンコ期には、2005年9月1日に施行された民事および行政訴訟手続法の改正を経て、ウクライナ全土での訴訟言語はウクライナ語とされ、さらに2008年1月18日の文化観光省令を経て、外国の映画を公開する場合にはウクライナ語への吹き替えまたはウクライナ語の字幕を付すことが義務化されるなど、部分的な国家語の地位強化が実施された。

　その一方で、1989年言語法の改正または新たな言語法の制定による言語政策の抜本的改革は実現しなかった。2007年11月から2008年1月までには、言語政策に関連する6

つの法案が地域党、共産党、ティモシェンコ・ブロックに所属する議員によってそれぞれ提出された (Bowring 2009, 92-95)。シュフルチ（地域党）、フラチ（共産党）が提出した1989年言語法改正法案は、「言語的自己決定権（Право мовного самовизначення）」を明文化すると同時に、2005年9月19日に批准、2006年1月1日に発効[4]した「欧州地域言語・少数語憲章」に言及していた。コレスニチェンコ（地域党）が提出した法案「地域言語および少数語について」は、「欧州地域言語・少数語憲章」の規定を適用するために必要な範囲で、批准の際に「民族的少数者の言語 (мови національних меншин)」とされたロシア語を含む13の言語が話されている行政・地域単位を定義するための各種手続きの確立を目的としていた (1条)。2条では「地域共同体（територіальна громада）は、本法1条で列挙された言語が行政・地域単位の領域内で普及していることの承認を発議する権利を有する」とされ、4条1項では「行政・地域単位の住民の17%が当該言語を使用していること」が発議の条件とされていた。同時にコレスニチェンコは、現行法「欧州地域言語・少数語憲章の批准について」も改正し、条約第3部（8条-14条）で選択する条文をより保護の度合いが高いものへと変更することも提案していた。なお、これらの法案で第一に念頭に置かれていた言語は、言うまでもなくロシア語であった。他方で、モフチャンとヤヴォリンスキー（ティモシェンコ・ブロック）が提出した法案「ウクライナの国家語について」および法案「言語について」は、「国家語＝ウクライナ語の地位強化」へと向けられていた。

上記の法案は、いずれも最終的に成立しなかったが、コレスニチェンコ法案の骨子は、次節で検討する2012年言語法に大きく反映されることになる。また、このような中、ユシェンコは2008年と2010年に全面的な国家語の地位強化を意図する大統領令を公布したが、2010年大統領選挙でヤヌコヴィチに敗れると、正反対の言語政策がとられるようになった。

2-2. 制定過程
2-2-1. 2010年9月7日法案「ウクライナにおける言語について」

2010年2月25日には、「ロシア語の第二国家語化」を公約としていたヤヌコヴィチが大統領に就任したが、憲法10条を改正するための要件の充足は明らかに非現実的であった（Українські Новини 2011）。そこで、地域党と共産党の議員は、「欧州地域言語・少数語憲章」の専門委員会が「ウクライナにおけるロシア語話者の数を考慮すると、ロシア語に特別な地位を与えるべき[5]」と結論づけていたことを強調しつつ、2010年9月7日に法案「ウクライナにおける言語について」を最高会議に提出した。同法案は、「ウクライナ語を国家語として確立すると同時に、ロシア語およびその他の地域言語（регіональні мови）の自由な発展、使用、保護を保障」する憲法に従い、「ウクライナの諸言語使用の手続き、国家言語政策の原則、そして憲法が保障する諸言語を自由に使用する個人の権利を保障する義務を定めること」を目的としていた。

その一方で、ウクライナ語の国家語としての地位を定めていた6条では、「社会生活の特定領域における国家語の使用義務またはその利用促進は、当該領域におけるロシア語およびその他の地域言語および少数言語を使用する権利の否定または制約として解釈されてはならない」(2項) と定められていたことからも明らかなように、同法案は「国家語＝ウクライナ語の地位強化」に向けられていない。また、「ウクライナにおけるロシア語　ウクライナ―ロシア語の二言語主義」と題された7条では、ロシア語は「多数派のウクライナ

国民の母語（рідна мова）で、彼らによって日常的に使用されている言語」（1項）とされ、「ウクライナ語とロシア語の二言語主義は歴史的に形成され、ウクライナ民族の重要な成果」（2項）として評価されていた。さらに、「ウクライナの地域言語または少数言語」と題された8条では、ロシア語を含む15の言語が「地域言語または少数言語」として列挙され（2項）、地域住民の10％以上がそれらの言語の「母語話者（носіїв）」である場合、同法律が規定する地域言語または少数言語の使用を目的とする措置の対象となること（3項）も定められていた。

本法案は、国家語のウクライナ語に比肩する地位をロシア語に付与することを明らかに意図していたため、欧州評議会ベニス委員会およびOSCEは、社会統合の主要な手段としてのウクライナ語の役割を毀損する可能性があるとして、意見の中で憂慮を表明していた（Moser 2013, 261-290）。なお、本法案の審議は、2011年2月1日に上程されなかったことを最後に行われていない。

2-2-2. 2011年8月26日法案「国家の言語政策の諸原則について」

そこで、2011年8月26日には、地域党所属のヴァジム・コレスニチェンコとセルヒー・キヴァロフによって、法案「国家の言語政策の諸原則について」が最高会議に提出された。法案解説では、2006年から2007年にかけて東南部の20以上の地方議会がロシア語を行政単位における公用語として認める決定を行っていたことに加えて、1989年言語法、憲法および法律「欧州地域言語・少数語憲章の批准について」では、それぞれロシア語に特別な法的地位が与えられていること、さらに「欧州地域言語・少数語憲章」の専門委員会が1989年言語法は時代遅れであるため、新たな言語法制定を勧告していたことにも触

れられている。

その上で、本法案はベニス委員会およびOSCEの意見を踏まえて2010年7月法案を修正したもので、言語集団の間における利益の均衡、国家語としてのウクライナ語の地位向上を目指しており、2010年法案の6条、7条に類する規定を有していないことが強調されていた。

その一方で、ベニス委員会は2011年法案に対する意見[6]の中で、ロシア語の保護およびウクライナ社会の構成員が自己の言語的アイデンティティの表明としてロシア語を使用することを保護するという立法目的は正当であるとしつつも、依然ロシア語が「地域言語または少数語」として定義され、10％条項の適用対象となっている点を指摘していた。つまり、2011年法案は2010年法案とは異なり、法文上ではロシア語を他の「地域言語または少数語」と同列に扱っているが、実際には、多くの地域で10％の基準値を満たすロシア語が、国家語であるウクライナ語と並んで広く使用されることになるのではないかと懸念していた[7]。

以上のように、ベニス委員会は「国家語の有効な機能」と「言語権の保障」との間で均衡が取られた言語政策の策定を訴えていたものの、本法案は大きく改訂されることなく、2012年7月3日に新たな言語法として成立した。そこでは、「地域言語または少数語」としてロシア語を含む18の言語が列挙され（7条2項）、その母語話者が地域の人口の10％またはそれ以上を占めている場合（3項）、当該地域の国家機関や地方自治体でその使用が保障されなければならないとされた（7項）。その結果、ロシア語は全27の行政区画のうち、東南部の9の地域で「地域言語」とされた[8]。このように、2012年言語法で「母語」が権利保障のメルクマールとして採用されたことで、ロシア語を母語とするウクライナ民族へ

の「言語権」保障に繋がった一方で、国家語であるウクライナ語の更なる地位の低下が予見されていた。

2-3. 2012年言語法廃止の動き―ロシアの介入

その後、2013年11月にEU・ウクライナ連合協定の締結が棚上げされたことを契機に勃発した「ユーロ・マイダン」を経て2014年2月にヤヌコヴィチが逃亡し、オレクサンドル・トゥルチノフを大統領代行とする暫定政権が発足すると、2012年言語法の廃止法案が最高会議に提出された。当該法案は同年2月23日に採択されたが、トゥルチノフは2月27日に新しい言語法草案の起草を最高会議に要請し（Українська правда 2014a）、3月3日には新しい言語法が制定されるまでの間、2012年言語法を廃止しないと公に宣言した（Українська правда 2014b）。翌4日、最高会議に言語法特別委員会が設置されると（Укрінформ 2014）4つの法案が提出され（Azhniuk 2017, 316-323）、その後4月11日にはレオニード・クラフチュク元大統領を首班とする作業部会が2012年に準備していた法案「ウクライナにおける諸言語の使用規則について」が採択された（Українська правда 2014c）。同法案は、2012年言語法の改正を提案するもので抜本的なウクライナ語の地位強化を目指したものではなかったためか、上程されなかった。

なお、2012年言語法廃止をめぐる最高会議における混乱は、ドンバスやクリミアのロシア語系住民の「言語権」保護を口実とした介入の契機をロシアに与えることに繋がった（Csernicskó and Máté 2017, 18-19）。これ以降、国家語の地位強化は、強固な国民的一体性の形成と一貫して関連づけられるようになった。

3. 強力な「国家語＝ウクライナ語」の地位強化
3-1. 背景

2014年5月の大統領選挙を経て大統領に就任したペトロ・ポロシェンコは、EUへの統合を進める方針を示した一方で、就任当初、言語政策については現状維持を旨としていた（Українська правда 2014d）。しかし、2015年8月29日に公表された「ウクライナ国民にウクライナ語表記のみのパスポートを支給すること」を求める請願に対して、ポロシェンコは「賛同者の愛国的姿勢とEUへの統合を目指すウクライナ社会の願望を考慮し、ウクライナ国民のパスポートのロシア語表記を国際交流言語である英語表記に置き換える必要がある」と返答している（Електронні Петиції 2015）。このように、2015年夏頃には、ポロシェンコはウクライナ語の地位強化を明確に支持するようになった。その後、2016年6月16日にはウクライナ語放送の拡大を狙って「テレビ・ラジオ法」が改正され（Українська правда 2016）、そして2017年には言語政策の抜本的な改革を目指した3つの言語法法案が提出されるなど（Радіо Свобода 2017）、2012年言語法廃止に向けた動きが加速した。このような中、最高会議は言語法の制定に先んじて、ウクライナ語による教育の強化を目指した新たな教育法の審議に着手した。

3-2. 2017年教育法、2020年初等中等教育法

新たな教育法の法案は、2015年11月19日に当時のアルセニー・ヤツェニューク首相によって提出された。7条では、教育言語は原則としてウクライナ語とされた（1項）一方で、同時に民族的少数者に属する個人には「国や自治体の教育機関において、母語で学ぶ権利、または母語を学ぶ権利が保障される」（2項）と定められていた。しかし、同法案は2016

年2月18日の第一読会で法案改訂決議がなされた後、4月4日には自助党、人民党、人民戦線党、祖国党に所属する議員によって改訂法案が提出された。同法案7条は、当初はヤツェニューク法案のものと同様であったが、2017年9月5日に行われた第二読会を経て成立した2017年教育法では、「民族的少数者（національні меншини）」に属する個人は初等教育課程まで、「先住民族（корінні народи）[9]」に属する個人は中等教育課程まで、ウクライナ語とともに、対応する民族語により教育を受けることができる（1項）とされ[10]、教育機関は国家語、英語、EU公用語のうち複数の言語を用いて教育することができる（7項）と定められた。

　以上の規定は、2020年1月16日に制定された初等中等教育法5条6項で具体化され、EU公用語を民族語とする民族的少数者は前期中等教育が開始される5年生で総授業時間の20%が国家語で教育され、その後は進級に応じて増加し、9年生では40%、後期中等教育の11年生と12年生では60%と定められた。他方で、その他の民族的少数者は中等教育を通じて総授業時間の80%が国家語で教育されることになった。これらには移行期間が設けられ、EU公用語を民族語とする民族的少数者が対象の教育は2023年9月に新制度に移行[11]する一方で、それ以外は2020年9月に移行が開始されるとされた（教育法経過措置規定3.18,3.19）。なお、一連の変更は国公立教育機関のみが対象とされている（初等中等教育法5条10項）。

3-3. 2019年言語法

　2018年2月28日憲法裁判所判決で2012年言語法が廃止されると、新たな言語法制定の動きが活発化した。2017年6月9日には多くの議員らによって法案「ウクライナ語の国家語としての機能強化について」が提出された。

法案解説では本法案の課題として、①ウクライナ国籍の言語（мова громадянства України）であるウクライナ語の国家語としての地位の保護、②ウクライナでの民族間交流および相互理解の言語としてのウクライナ語の確立、③ウクライナ社会を団結させる手段、ウクライナの国家統一と領土的一体性、ならびに独立国家としての地位および国家安全保障を強化する手段として国家語を機能させること、④ウクライナ全土における公共生活のあらゆる領域において、同様に国際的なコミュニケーションおよび公務員による職務遂行においてウクライナ語を国家語として使用すること、⑤ウクライナ民族の民族アイデンティティを強化し、ウクライナ民族の民族文化、伝統、監修、歴史的記憶を維持するために、ウクライナ語を基幹民族の独自の言語として発展させること、⑥普及活動を通じてウクライナ語を支援すること、⑦ウクライナ語を世界に広め、外国で居住しているウクライナ民族の居住国における言語的ニーズに応えることが挙げられていた。

　同法案は、全59の条文と補則・経過措置規定から構成されていたが、従来の言語法とは異なり、ウクライナ語の正書法および職業に応じて求められるウクライナ語能力の基準の策定などを行う「国家語基準委員会（національна комісія зі стандартів державної мови）」（39条-44条）に加えて、公共生活のあらゆる領域でウクライナ語を国家語として機能させることを目的とする「国家語保護全権代表（уповноважений із захисту державної мови）」の設置（48条-49条）を定めていた。なお、後者には、公的領域でウクライナ語が国家語として適切に使用されているか否かを検査する「言語査察官（мовні інспектори）」が設置されると定められていた（51条）[12]。さらに、同法案は国家語としてのウクライナ語の使用の例外についても定めており、教育（17条[13]）、

学術（18条）、文化（19条）、テレビ・ラジオ（20条）、書籍出版（22条）、電子システム（23条）でのEU公用語の使用に関する例外規定も有していた。

その後、2019年4月25日の第二読会に提出された法案では、ウクライナ語の使用の例外は教育（21条）、学術論文（22条2項）、マスメディア（25条5項）、PCソフトウェア（27条1項）で定められ、これらは2019年4月25日に制定された現行法へと反映されている。なお、第二読会を経て、例外が認められる言語としては、EU公用語に加えて新たに英語が追加されたが、英語を使用することができる領域はEU公用語よりも広く設定されている。

おわりに：「社会統合」とEU加盟交渉の展望

2015年以降、ウクライナは国家語であるウクライナ語の地位強化と同時にロシア語の影響力の低下を意図する言語政策を行っている。一連の政策は、強固な「ウクライナ国民」概念の形成と同時に、歴史的経緯により脆弱なウクライナ民族アイデンティティの強化にも向けられている。その一方で、2017年教育法、2020年初等中等教育法および2019年言語法では、「民族的少数者」が「EU公用語を民族語とする民族」と「それ以外の民族」に分類され、異なる取り扱いがなされているという問題が生じている。ベニス委員会は、クリミア・タタールなどの小規模かつ脆弱な民族に対して積極的格差是正措置を行うような場合を除き、民族的少数者に属する個人の平等な取り扱いを定めた民族的少数者保護枠組条約4条違反となり[14]、この異なる取り扱いの根拠としてウクライナ語の歴史的抑圧と欧州への接近を挙げるウクライナ当局の主張は、人権一般、特に差別禁止の観点から説得力がないと批判している[15]。

ロシアによる軍事侵攻を受ける中、ウクラ
イナは2022年6月23日に「EU加盟候補国」としての地位を取得したが、その6日前に欧州委員会が公表した、ウクライナのEU加盟交渉開始に対する意見（opinion）の「少数者の権利の保障」の項目では、教育法および言語法に関するベニス委員会の勧告内容を完全に履行することが求められている[16]。ウクライナは今後、EU第五次拡大の過程でラトヴィアが欧州国際機関からの度重なる勧告受けてロシア語系住民の統合へと舵を切ったように、言語政策の再考を求められるものと考えられる[17]。

なお、憲法裁判所が2021年7月14日判決で[18]、憲法10条の再解釈に際して国家語であるウクライナ語を「民主主義過程に参加するために必要不可欠な言語」として定義したことは、ウクライナが排除の論理に立脚しているのではない証左である[19]。他方で、3項はロシア語をその他の「民族的少数者の言語」と区別するものではなく、単なる例示であるとされた。このことから、憲法10条の解釈は、1996年憲法制定当初および1999年憲法裁判所判決から大きく変容したと言える。

注

1 「国家語」概念がどのように変更してきたかという観点から、独立後のウクライナの言語政策を通史的に検討したものとして、池澤（2023）がある。

2 東部の多数派民族はウクライナ民族であるが、その多くはロシア語を「母語」とみなしている。1994年から2012年までの選挙では、ロシア語の法的地位をめぐって地域偏差が生じていた（Arel 2017, 233-235）。

3 憲法10条の解釈が問われた憲法裁判所1999年12月14日判決では、国家語であるウクライナ語は公的領域での義務的交流手段とされたが、地方行政機関、クリミア自治共和国当局、地方自治機関は、権限行使に際してウクライナ語と共にロシア語及びその他の民族的少数者の言語を使用できるとされた。また、教育

言語も原則ウクライナ語とされたが、ウクライナ語の教育と共に民族的少数者の言語による教育を行うことができるとされた。

4 署名は1996年5月2日に行われた。難航した批准プロセスについては、Bowring and Antonovych 2008を参照。

5 ECRML（2010）6, para.79.
なお、para.61では、ロシア語を同憲章の対象とするのは適切ではないとされている。

6 CDL-AD（2011）047.

7 Ibid., para.40.

8 ACFC/SR/IV（2016）003, p.36.

9 法文上は定義がなされていないが、ベニス委員会によると「同族国家（kin-state）を有しない民族的少数者」を意味するという（CDL-AD（2017）030, para. 40）。

10 同規定は、ウクライナにディアスポラが居住する周辺諸国の懸念を呼び起こした。EU加盟国であるブルガリア、ハンガリー、ギリシャ、ルーマニアは、懸念を表明する書簡をOSCEに送付した（Українська правда 2017）。このような事情から、2020年初等中等教育法では、「EU公用語を民族語とする民族」に属する個人が中等教育でも部分的に自民族語で教育を受けることができると定められたと考えられる。

11 2023年6月10日に同法律の改正案が可決され、2024年9月1日に期限が延長された（Українська правда 2023）。

12 2019年言語法では、言語法遵守を監督する全権代表が設置され（49条、50条）、言語法違反に対しては罰金が課されることが規定されている（57条）。

13 2018年10月4日の第一読会に提出された法案では、全ての教育課程でEU公用語を用いて教育を行うことができる（11条6項、7項）とされていたが、民族語による教育に関しては「先住民族」と「民族的少数者」との区別はなされていなかった。これは、第一読会における審議を経て、2017年教育法7条と同等の内容に置き換えられた（第二読会提出法案21条1項）。

14 CDL-AD（2017）030, para 106-115.

15 CDL-AD（2020）032, para 44. ベニス委員会による同様の批判は、2022年12月13日に制定された「民族的少数者（共同体）法」への意見で

もなされている（CDL-AD（2023）021）。

16 COM（2022）407 final

17 2023年9月現在、ハンガリーのオルバーン首相は「ハンガリー系住民に対する言語権侵害」を理由に、ウクライナのEU加盟交渉開始に消極的見解を表明している（Reuters 2023）。

18 2019年言語法それ自体の憲法適合性審査が行われた。池澤（2023）184-185頁が詳しい。

19 2021年憲法裁判所判決は、教育法の言語規定の憲法適合性が争われたラトヴィア憲法裁判所2019年4月23日判決を参考にしていると考えられる。後者の判決については、竹内（2021）75-77頁を参照。

参考文献

池澤匠（2023）「ウクライナの言語政策関連文書における『国家語』の定義と運用について」Slavica Kiotoensia 3号、160-189頁.

塩川伸明（2004）『多民族国家ソ連の興亡Ⅰ 民族と言語』岩波書店.

松里公孝（2020）『ポスト社会主義の政治―ポーランド、リトアニア、アルメニア、ウクライナ、モルドヴァの準大統領制』ちくま新書.

竹内大樹（2021）「EUの東方拡大と『国民』概念の変容―ラトヴィアとウクライナを素材に―」吉井昌彦編『EUの回復力』勁草書房, 65-90頁.

Arel, D.（2017）. Language, status, and state loyalty in Ukraine. Harvard Ukrainian Studies, 35（1/4）.

Azhniuk, B.（2017）. Ukrainian language legislation and the national crisis. Harvard Ukrainian Studies, 35（1/4）.

Bowring, B.（2009）. Language policy in Ukraine: international standards and obligations. In: Besters-Dilger, J.（ed.）Language Policy and Language Situation in Ukraine: Analysis and Recommendations. Frankfurt am Main: Peter Lang Publishing.

Bowring, B. and Antonovych, M.（2008）. Ukraine's long and winding road to the European charter for regional or minority languages. In: Dunbar, R.（ed.）The European Charter for Regional or Minority Languages and the Media. Regional or Minority Languages 6. Strasbourg, France: Council of Europe Publishing, pp. 157-182.

Csernicskó, I and Máté, R.（2017）. Bilingualism in Ukraine: Value or Challenge? Sustainable

Multilingualism, vol.10.

Moser, M.（2013）. Language policy and discourse on languages in Ukraine under President Viktor Yanukovych, Columbia University Press.

Я. О. Берназюк, А. Г. Бірюкова, Ю. О. Буглак, ред. К. І. Чижмарь, О. В. Лавриновича.（2018）Конституція України. Науково-практичний коментар: станом на 20 трав. - К.: Професіонал.

オンライン記事

Reuters（2023）, "Hungary PM criticizes Ukraine, says no rush to ratify Sweden's NATO bid" （https://www.reuters.com/world/europe/hungary-pm-criticizes-ukraine-says-no-rush-ratify-swedens-nato-bid-2023-09-25/）

Радіо Свобода（2017）, «Три законопроекти про мову. Вибір кращого» （https://www.radiosvoboda.org/a/28265535.html）

Украінформ（2014）, «Спецкомісія ВР для підготовки нового мовного закону розпочала роботу»（https://www.ukrinform.ua/rubric-polytics/1627631-spetskomisiya_vr_dlya_pidgotovki_novogo_movnogo_zakonu_rozpochala_robotu_1914689.html）

Українські Новини（2011）, «Янукович: русский язык не будет государственным, учите украинский»（https://ukranews.com/news/78973-yanukovych-russkyy-yazyk-ne-budet-gosudarstvennym-uchyte-ukraynskyy）

Українська правда（2005）, «Промова президента України Віктора Ющенка на Майдані» （https://www.pravda.com.ua/articles/2005/01/23/3006391/）

Українська правда（2014a）, «Турчинов доручив терміново розробити новий мовний закон» （https://www.pravda.com.ua/news/2014/02/27/7016552/）

Українська правда（2014b）, «Турчинов пообіцяв поки не скасовувати закон про мови нацменшин»（https://www.pravda.com.ua/rus/news/2014/03/3/7017381/）

Українська правда（2014c）, «"Мовний" закон відправлять за порадами у різні міжнародні організації»（https://www.pravda.com.ua/news/2014/04/11/7022078/）

Українська правда（2014d）, «Порошенко про Конституцію: Російська й інші мови зможуть отримати спеціальний статус»（https://www.pravda.com.ua/news/2014/07/3/7030862/）

Українська правда（2016）, «Кожна третя пісня на радіо буде українською мовою – закон» （https://www.pravda.com.ua/news/2016/06/16/7111951/）

Українська правда（2017）, «Чотири країни звернуться в ОБСЄ через український закон про освіту»（https://www.pravda.com.ua/news/2017/09/14/7155176/）

Українська правда（2023）, «Зеленський підписав закон про продовження переходу на українську для шкіл з мовами ЄС»（https://www.pravda.com.ua/news/2023/07/1/7409445/）

その他

Електронні Петиції（2015）, «Надавати громадянам України паспорт тільки УКРАЇНСЬКОЮ (без мови окупанта)»（https://petition.president.gov.ua/petition/319）

たけうち　おおき（神戸大学大学院法学研究科博士後期課程／比較法）

前々号のおしらせ

ユーラシア研究 66号

特集Ⅰ　ロシアにおける演劇教育
特集Ⅱ　日本のアニメをロシアに
　　　　─日露の学生達のこころみ─

クリミアのロシア統合のナラティブを巡る計量テキスト分析 —アクショノフ共和国首長の議事録の出現頻度

松嵜　英也

要旨

　2014年にロシアはクリミアを一方的に併合したあと、それを正当化しようとしてきた。従来の研究では主にモスクワの政治エリートの言説に注目して、クリミアを受動的に描くため、クリミア側が発信するナラティブは十分に検証されてこなかった。クリミアでは如何なるナラティブで、ロシア統合が正当化されたのか。

　本稿では、計量テキスト分析を通じて、クリミア側によるロシア統合の正当化を巡るナラティブの特徴を浮き彫りにする。クリミア政府のナラティブは、アクショノフ・クリミア共和国首長のHPで、演説、祝辞、呼びかけの種類別に掲載されている。本稿では、Pythonを用いてコーパスを構築し、集計した語彙を固有名詞と社会保障、歴史認識に分類した上で、カイ二乗検定を通じて、コーパス間の語彙の出現頻度の有意差を検証した。

　分析の結果、アクショノフの演説では社会保障分野の語彙に多く言及し、祝辞や呼びかけでは歴史認識分野の語彙に多く言及することを明らかにした。この知見は、クリミアが社会経済と歴史的なナラティブを通じて、ロシア統合を正当化することを示唆している。

1. ロシアの情報戦とナラティブ

　本稿の目的は、計量テキスト分析を通じて、クリミアにおけるロシア統合のナラティブ（物語）を明らかにすることである。2014年以降のクリミアでは、国際社会から認められていないにも係わらず、一方的なロシア統合が進められてきた。

　先行研究では、ロシアの世界観や情報戦、ナラティブなどが明らかにされてきた。それによると、米欧はリベラルな国際秩序にロシアを組み込もうとするが、ロシアは力の分布の変更を求める（Sakwa 2017）。特に人道的介入への批判に見られるように、ロシアはリベラルな国際介入を拒否する。その中心的な批判は米国の覇権にあり、米欧の介入が国際社会を不安定化させ、体制転換がロシアの脅威になっていると主張する（Giles 2019）。

　こうした世界観のもとで、情報の役割は増している。オスカー・ジョンソンによると、2000年代から、軍事力の一部としての情報の重要性が認識された（Jonsson 2019）。特にカラー革命では、西側が非軍事的な手段を使って体制を転覆させ、ロシアに波及するという物語が展開され、情報の武器化は国家を不安定化させる上で有効な手段になっている（Pomerantsev 2014）。

　ロシアの情報戦は、帝政ロシアやソ連に起源を持ち、クリミア併合でも実践された（Horbulin 2015; Galeotti 2016）。そのナラティブでは、西側がウクライナの過激派を支援したのに対し、ロシアは黒海艦隊を守り、過激派の暴力や人権侵害を阻止するために、クリミアを併合した（Tsygankov 2019）。特にプーチン演説では、ロシア人の言語や文化的側面が強調されながら、クリミアとセヴァストーポリはロシア人の都市であり、歴史的な領土を取り戻しただけだと描かれる（Bacon 2015; Teper 2017）。これらの物語では、クリミア・タタール人などは触れられず、ロシア政府の歴史的事象の選択的解釈は、その対外行動の

正当化のために用いられる（Biersack and O'Lear 2015）。ロシアは情報を武器化し、そのナラティブを社会に浸透させることで、相手の認知や行動に影響を与えようとする（Pomerantsev 2014; Asmolov 2017）。

だが多くの先行研究は、モスクワの政治エリートの言説に注目してクリミアを受動的に描くため、クリミアのナラティブは十分に検証されていない。クリミアのエリートはロシアの積極的な工作を展開するが、情報の拡散はローカルな状況に大きく依存するため、クリミアが発信するナラティブも重要である（Kuzio and D'Anieri 2018）。またロシア編入時のクリミアのナラティブは論じられるが、ロシア編入後は管見の限り、分析されていない（Fredheim 2015）。だがロシア統合を巡るクリミアのナラティブは、ロシアのウクライナ侵攻前の文脈でなされており、その分析は露宇戦争の背景の理解に資する。

2. 分析方法

クリミアでは如何なるナラティブで、ロシア統合が正当化されたのか。本稿では、セルゲイ・アクショノフ共和国首長のナラティブに着目し、計量テキスト分析を通じて、クリミアのロシア統合の正当化の手法を明らかにする。2014年のクリミア自治共和国において、アクショノフはクリミア首相に選出され、ロシア編入後にクリミア共和国首長となった。その権限としては、閣僚任免権や共和国議会の解散権などを持ち、連邦法に従いながら、政策の基本的な方向などを定める[1]。

彼のナラティブはウェブサイトで、演説、祝辞、呼びかけの種類別に掲載されている。本稿ではその分類に依拠し、Pythonを用いて3つのコーパスを構築し、コーパス間の語彙の出現頻度の有意差を検証することで、クリミアのナラティブの特徴を浮き彫りにする[2]。その際、前置詞や人称代名詞をストップワードとして除去し、語彙の頻度を集計した。抽出語は名詞に限定し、分析時期は2015年から2021年までとした。補遺では縦軸を出現回数、横軸を出現語彙として上位50語までの語彙を示した。

総語彙数は193746語であり、演説が96484語、祝辞が66920語、呼びかけが30342語である[3]。呼びかけ（обращение）は、文書や口頭での権利や法的権利の実現などに関する個人や団体の意思表明であり、特定の相手が想起されるが、演説（выступление）では必ずしも特定の相手は想起されない（Савоськин 2015）。だが、両者の内容面の違いは自明でないため、その差異も浮き彫りにする。

次にコーパス間の語彙の出現頻度の有意差を検証するために、集計した語彙を固有名詞と社会保障、歴史認識に分類し、カイ二乗検定を行う。そこでは、コーパスから観測された実測値と、頻度に差がないと仮定した場合に予測される期待値に注目し、「コーパス間の各語彙の頻度に有意差なし」の帰無仮説と「コーパス間の各語彙の頻度に有意差あり」の対立仮説を立て、カイ二乗統計量を計算し、実測値と期待値の差を評価する。公式は下記の通りであり、エクセルを用いて計算した。

カイ二乗統計量（$\chi 2$）＝｛（実測値−期待値）2/期待値｝

仮説検定では、帰無仮説で設定した条件のもとでの実測頻度の起こりやすさを確率で評価する。本稿では、一般的に言語研究の頻度分析で用いられる数値にならって、有意水準を0.1%、自由度を1と設定し、0.1%までの値が観測された語彙を出現頻度の有意差ありと判断して、帰無仮説を棄却し、対立仮説を採択した（石川 2010）。もっとも、これは有意差の有無のみ判断するため、コーパス間の語彙を頻度集計表で確認した。

3. ナラティブ分析

（1）固有名詞

「ロシア人（русский）」「ロシア（Россия）」「クリミア（крым）」「クリミア人（крымчанин）」「ウクライナ（Украина）」を抽出した。

帰無仮説：コーパス間では、固有名詞の頻度に有意差はない。

対立仮説：①演説では、祝辞や呼びかけよりも、固有名詞の頻度が高い②祝辞では、演説や呼びかけよりも、固有名詞の頻度が高い③呼びかけでは、演説や祝辞よりも固有名詞の頻度が高い。

表1　演説と祝辞

個別の語	カイ二乗値	p値	自由度	頻度差の有意性
ロシア人	35.26	0.0000	1	χ2=35.26, p=.000
クリミア	5.86	0.0155	1	χ2=5.86, p=.016
クリミア人	129.73	0.0000	1	χ2=129.73, p=.000
ウクライナ	21.23	0.0000	1	χ2=21.23, p=.000
ロシア	122.32	0.0000	1	χ2=122.32, p=.000

表2　演説と呼びかけ

個別の語	カイ二乗値	p値	自由度	頻度差の有意性
ロシア人	17.89	0.0000	1	χ2=17.89, p=.000
クリミア	16.21	0.0001	1	χ2=16.21, p=.000
クリミア人	55.14	0.0000	1	χ2=55.14, p=.000
ウクライナ	12.08	0.0005	1	χ2=12.08, p=.001
ロシア	36.93	0.0000	1	χ2=36.93, p=.000

表3　祝辞と呼びかけ

個別の語	カイ二乗値	p値	自由度	頻度差の有意性
ロシア人	0.00	1.0000	1	χ2=0.00, p=1.000
クリミア	3.81	0.0510	1	χ2=3.81, p=.051
クリミア人	3.34	0.0675	1	χ2=3.34, p=.068
ウクライナ	54.20	0.0000	1	χ2=54.20, p=.000
ロシア	5.82	0.0158	1	χ2=5.82, p=.016

演説と祝辞では、前者の「ロシア人」と「ウクライナ」の頻度が有意水準0.1%で高く、それ以外は祝辞の方が高かった。演説と呼びか

けでは、演説コーパスの「ロシア人」の頻度が有意水準0.1%で高く、それ以外の語彙は呼びかけの方が高かった。祝辞と呼びかけでは、後者の「ウクライナ」の頻度が高く、それ以外の語彙の頻度の有意差は確認出来なかった。これらから、コーパス間での固有名詞の明確な頻度差は見られなかったと言える。

（2）社会保障

次に社会保障関連の語彙を抽出した。抽出語は「仕事（работа）」「発展（развитие）」「計画（проект）」「プログラム（программа）」「建設（строительство）」「課題（задача）」「方策（мероприятие）」「企業（предприятие）」「従業員（работник）」「部門（отрасль）」、「予算（бюджет）」「教育（образование）」「基金（фонд）」である。

帰無仮説：コーパス間では、社会保障の語彙の頻度に有意差はない。

対立仮説：①演説では祝辞と呼びかけよりも、社会保障の語彙の頻度が高い②祝辞では演説と呼びかけよりも、社会保障の語彙の頻度が高い③呼びかけでは演説と祝辞よりも、

表4　演説と祝辞

個別の語	カイ二乗値	p値	自由度	頻度差の有意性
仕事	57.99	0.0000	1	χ2=57.99, p=.000
発展	1.14	0.2862	1	χ2=1.14, p=.286
計画	163.84	0.0000	1	χ2=163.84, p=.000
プログラム	168.49	0.0000	1	χ2=168.49, p=.000
建設	155.97	0.0000	1	χ2=155.97, p=.000
課題	0.41	0.5225	1	χ2=0.41, p=.523
方策	73.97	0.0000	1	χ2=73.97, p=.000
企業	42.25	0.0000	1	χ2=42.25, p=.000
従業員	92.77	0.0000	1	χ2=92.77, p=.000
部門	3.40	0.0653	1	χ2=3.40, p=.065
予算	50.36	0.0000	1	χ2=50.36, p=.000
教育	4.49	0.0341	1	χ2=4.49, p=.034
基金	12.92	0.0003	1	χ2=12.92, p=.000

表5　演説と呼びかけ

個別の語	カイ二乗値	p値	自由度	頻度差の有意性
仕事	82.98	0.0000	1	χ2=82.98, p=.000
発展	1.29	0.2560	1	χ2=1.29, p=.256
計画	16.59	0.0000	1	χ2=16.60, p=.000
プログラム	32.51	0.0000	1	χ2=32.51, p=.000
建設	44.24	0.0000	1	χ2=44.24, p=.000
課題	8.35	0.0039	1	χ2=8.35, p=.004
方策	6.12	0.0134	1	χ2=6.12, p=.013
企業	27.97	0.0000	1	χ2=27.97, p=.000
従業員	NA	NA	1	NA
部門	12.17	0.0005	1	χ2=12.17, p=.001
予算	22.30	0.0000	1	χ2=22.30, p=.000
教育	17.27	0.0000	1	χ2=17.27, p=.000
基金	5.36	0.0207	1	χ2=5.36, p=.021

表6　祝辞と呼びかけ

個別の語	カイ二乗値	p値	自由度	頻度差の有意性
仕事	19.83	0.0000	1	χ2=19.83, p=.000
発展	0.08	0.7777	1	χ2=0.08, p=.778
計画	54.37	0.0000	1	χ2=54.37, p=.000
プログラム	49.79	0.0000	1	χ2=49.79, p=.000
建設	25.56	0.0000	1	χ2=25.56, p=.000
課題	5.50	0.0190	1	χ2=5.50, p=.019
方策	36.57	0.0000	1	χ2=36.57, p=.000
企業	2.76	0.0968	1	χ2=2.76, p=.097
従業員	28.51	0.0000	1	χ2=28.51, p=.000
部門	22.89	0.0000	1	χ2=22.89, p=.000
予算	NA	NA	1	NA
教育	9.48	0.0021	1	χ2=9.48, p=.002
基金	NA	NA	1	NA

社会保障の語彙の頻度が高い。

　演説と祝辞では「発展」と「課題」、「部門」、「教育」の語彙の頻度差は見られなかった。「従業員」を除くその他の語彙では、演説の方が有意水準0.1%で高かった。演説と呼びかけでは、「発展」と「従業員」以外の全ての語彙において、演説の方が高かった。つまりアクショノフの演説では、祝辞や呼びかけよりも、社会保障分野の語彙に多く言及する。

　祝辞と呼びかけでは、前者の「仕事」と「従業員」、「部門」の頻度が有意水準0.1%で高く、後者の「計画」や「プログラム」、「建設」、「方策」の頻度が有意水準0.1%で高かった。これらから、祝辞と呼びかけコーパスでは、社会保障関連の語彙に明確な頻度差は確認出来なかったと言える。

（3）歴史認識

　最後に「勝利（победа）」「退役軍人（ветеран）」「祖国（отечество；родина）」「戦争（война）」「再統合（воссоединение）」「記憶（память）」「ファシズム（фашизм）」、「ナチズム（нацизм）」「犠牲（жертва）」「歴史（история）」「象徴（символ）」「ルーシ（русь）」を抽出した。

　帰無仮説：コーパス間では、歴史認識の語彙の頻度に有意差はない。

　対立仮説：①演説では祝辞と呼びかけよりも、歴史認識の語彙の頻度が高い②祝辞では演説と呼びかけよりも、歴史認識の語彙の頻度が高い③呼びかけでは、演説と祝辞よりも歴史認識の語彙の頻度が高い。

　演説と祝辞では「ファシズム」と「ナチズム」、「犠牲」以外の語彙について、祝辞の方が有意水準0.1%で高かった。演説と呼びかけでは「退役軍人」と「ファシズム」、「ルーシ」以外の語彙において、呼びかけの方が高かった。つまり祝辞と呼びかけでは、演説よりも歴史認識の語彙に多く言及する。

　他方で、祝辞と呼びかけでは「勝利」と「再統合」、「ファシズム」、「象徴」、「ルーシ」の頻度差は見られなかった。「退役軍人」と「祖国」、「歴史」、「ルーシ」では、祝辞の方が有意水準0.1%で高く、それ以外の語彙の頻度では、呼びかけの方が高かった。これらから祝辞と呼びかけでは、歴史認識関連の語彙に明確な頻度差は見られなかったと言える。

表7　演説と祝辞コーパス

個別の語	カイ二乗値	p値	自由度	頻度差の有意性
勝利	170.71	0.0000	1	χ2=170.71, p=.000
退役軍人	188.03	0.0000	1	χ2=188.03, p=.000
祖国	120.18	0.0000	1	χ2=120.18, p=.000
戦争	22.13	0.0000	1	χ2=22.13, p=.000
再統合	9.22	0.0024	1	χ2=9.22, p=.002
記憶	6.38	0.0115	1	χ2=6.38, p=.012
ファシズム	NA	NA	1	NA
ナチズム	NA	NA	1	NA
犠牲	NA	NA	1	NA
歴史	236.65	0.0000	1	χ2=236.65, p=.000)
象徴	30.77	0.0000	1	χ2=30.77, p=.000
ルーシ	20.69	0.0000	1	χ2=20.69, p=.000

表8　演説と呼びかけ

個別の語	カイ二乗値	p値	自由度	頻度差の有意性
勝利	126.27	0.0000	1	χ2=126.27, p=.000
退役軍人	NA	NA	1	NA
祖国	30.93	0.0000	1	χ2=30.93, p=.000
戦争	256.75	0.0000	1	χ2=256.75, p=.000
再統合	21.43	0.0000	1	χ2=21.43, p=.000
記憶	396.89	0.0000	1	χ2=396.89, p=.000
ファシズム	5.82	0.0159	1	χ2=5.82, p=.016
ナチズム	21.43	0.0000	1	χ2=21.43, p=.000
犠牲	142.18	0.0000	1	χ2=142.18, p=.000
歴史	547.50	0.0000	1	χ2=547.50, p=.000
象徴	53.14	0.0000	1	χ2=53.14, p=.000
ルーシ	NA	NA	1	NA

表9　祝辞と呼びかけ

個別の語	カイ二乗値	p値	自由度	頻度差の有意性
勝利	2.21	0.1374	1	χ2=2.21, p=.137
退役軍人	58.48	0.0000	1	χ2=58.49, p=.000
祖国	16.53	0.0000	1	χ2=16.53, p=.000
戦争	120.69	0.0000	1	χ2=120.69, p=.000
再統合	1.83	0.1758	1	χ2=1.83, p=.176
記憶	251.29	0.0000	1	χ2=251.29, p=.000
ファシズム	3.80	0.0513	1	χ2=3.80, p=.051
ナチズム	14.59	0.0001	1	χ2=14.59, p=.000
犠牲	98.32	0.0000	1	χ2=98.32, p=.000
歴史	61.97	0.0000	1	χ2=61.97, p=.000
象徴	2.52	0.1123	1	χ2=2.52, p=.112
ルーシ	5.87	0.0154	1	χ2=5.88, p=.015

4. クリミアのロシア統合を巡る2つのナラティブ

　本稿では、アクショノフ共和国首長のナラティブに着目し、計量テキスト分析を通じて、クリミアのロシア統合の正当化の手法を分析した。その結果、固有名詞の有意差は見られなかったが、演説では社会保障分野の語彙に多く言及し、祝辞や呼びかけでは歴史認識分野の語彙に多く言及することを明らかにした。

　これはナラティブの質的内容からも確認出来る。例えば、2017年の演説では「我々はウクライナの状況を注視し、3年前に去った。血のナチス体制、市民戦争、国家のテロル、極貧、荒廃だった。…負の要因にも係わらず、わが共和国は発展している。賃金、年金、社会の手当は増大した」と発言し、帰属変更に伴う社会経済の成果を強調する（Аксёнов 2017）。

　他方で、2015年の大祖国戦争70周年の祝辞では「勝利の日は聖なる日である。この祝日は民族や信仰に関係なく、我々全てを統合する。…戦争の勝者の聖なるイメージは、国民の集合的記憶として記憶される」と発言し、クリミアの地位格下げなどの歴史は捨象され、ロシアとクリミアの歴史的な不可分性が強調される（Аксёнов 2015）。

　このようにアクショノフは、社会経済と歴史に関するナラティブを通じ、ロシア統合を正当化すると言える。タラス・クジオらは、ロシアは複数のナラティブを流して、事実を歪めると主張するが、本稿はクリミアの複数のナラティブを明らかにした点で意義がある（Kuzio and D' Anieri 2018）。だが各語彙の共起を分析出来ず、今後の課題としたい。

補遺

図1　演説コーパス

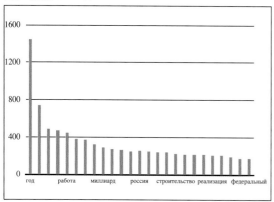

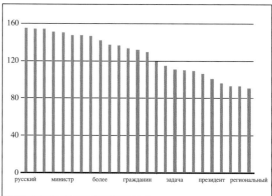

図2　祝辞コーパス

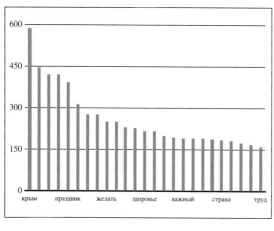

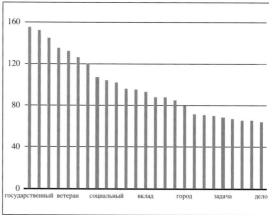

図3　呼びかけコーパス

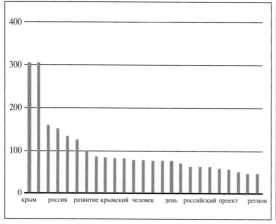

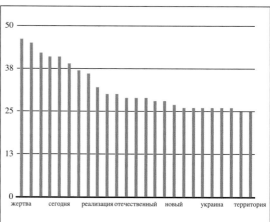

追記：第35回ユーラシア研究所総合シンポジウムにおいて、「ウクライナと中国の戦略的パートナーシップ」と題した報告を行ったが、二重投稿等を防ぐため、本稿では内容を大幅に変更した。

脚注

1　Конституция Республики Крым. [http://crimea.gov.ru/content/uploads/files/base/Konstitutsiya.pdf]. 2014/4/11. 2023年10月18日最終閲覧日。
2　クリミア共和国首長HP [https://glava.rk.gov.ru/ru/index]. 2023年10月18日最終閲覧日。
3　2020年の演説データは欠損している。

参考文献

石川慎一郎ほか編『言語研究のための統計入門』くろしお出版、2010年。

Asmolov Gregory, "The Disconnective Power of Disinformation Campaigns," Journal of International Affair 71, no. 15 (2017), pp. 69-77.

Bacon Edwin, "Putin's Crimea Speech, 18 March 2014: Russia's Changing Public Political Narrative," Journal of Soviet and Post-Soviet Politics and Society 1, no.1 (2015), pp. 13-36.

Biersack John and Shannon O'Lear, "The Geopolitics of Russia's Annexation of Crimea: Narratives, Identity, Silences, and Energy," Eurasian Geography and Economics 55, no. 3 (2015), pp. 247-269.

Fredheim Rolf, "Filtering Foreign Media Content: How Russian News Agencies Repurpose Western News Reporting," Journal of Soviet and Post-Soviet Politics and Society 1, no.1 (2015), p. 37-82.

Galeotti Mark, "Hybrid, Ambiguous, and Non-Linear? How New is Russia's New Way of War?," Small Wars & Insurgencies 24, no. 2 (2016), pp. 282-301.

Giles Keir, Moscow Rules: What Drives Russia to Confront the West. (Washington: Brookings Institution Press, 2019).

Horbulin Volodymur, "The Hybrid Warfare Ontology," Стратегічні Пріорітети 1, no. 38 (2015), pp. 4-13.

Jonsson Oscar, The Russian Understanding of War: Blurring the Lines between War and Peace. (Washington: Georgetown University Press, 2019).

Kuzio Taras and Paul D'Anieri, The Sources of Russia's Great Power Politics: Ukraine and the Challenge to the European Order. (Bristol: E-International Relations Publishing, 2018).

Pomerantsev Peter, The Menace of Unreality: How the Kremlin Weaponizes Information, Culture and Money. (New York: Institute of Modern Russia, 2014).

Sakwa Richard, Russia: Against the Rest, The Post-Cold War Crisis of World Order. (New York: Cambridge University Press, 2017).

Teper, Yuri, "Official Russian Identity Discourse in Light of the Annexation of Crimea: National or Imperial?," Post-Soviet Affairs 32, no. 4 (2017), pp. 378-396.

Tsygankov Andrei, Russia's Foreign Policy: Change and Continuity in National Identity Fifth Edition, (Lanham: Rowman & Littlefield, 2019).

Аксёнов, С. В. Выступление Главы Республики Крым Сергея Аксёнова на торжественном собрании, посвящённом третьей годовщине общекрымского референдума и воссоединения Крыма с Россией. 2017/03/16. [https://web.archive.org/web/20200922124033/https://glava.rk.gov.ru/ru/structure/151]. 2023年10月18日最終閲覧日。

Аксёнов, С. В. Поздравление Главы Республики Крым Сергея Аксёнова с 70-летием Великой Победы. 2015/05/09. [https://web.archive.org/web/20171109061127/http://rk.gov.ru/rus/index.html/news/302855.htm]. 2023年10月18日最終閲覧日。

Савоськин, А.В. К вопросу об использовании термина «обращение» в российском законодательстве // Актуальные проблемы российского права. 2015. № 8 (57). С. 36-40.

まつざき　ひでや（津田塾大学）

アレーシ・ビャリャツキ氏ノーベル平和賞受賞記念講演（ナターリャ・ピンチュク氏による）2022年12月10日、オスロ

アレーシ・ビャリャツキ（訳：清沢 紫織）

ヴィリニュスの在リトアニア・ベラルーシ共和国大使館に対峙するように描かれたビャリャツキ氏のウォールアート（2023年8月、筆者撮影）

訳者より

　2022年12月、ロシア軍によるウクライナへの侵攻が続く中で発表されたノーベル平和賞の受賞者にはロシアの国際人権団体「メモリアル」、ウクライナの「市民自由センター」と並んでベラルーシの人権活動家アレーシ・ビャリャツキ氏（Алесь Бяляцкі, 1962-）が選ばれた。ビャリャツキ氏は、1980年代よりベラルーシの民主化運動に先導的な役割を果たしてきた人権活動家で、1996年にベラルーシの人権団体「ヴャスナ（春）」を設立し、現在まで同団体の代表を務めている。2006年にはノルウェー・ヘルシンキ委員会よりアンドレイ・サハロフ自由賞、チェコの人権団体People in Needよりホモ・ホミニ賞を受賞し[1]、2007 ～ 2016年には国際人権連盟（Fédération internationale des ligues des droits de l'homme, FIDH）の副代表の一人を務めた経歴をもつ。

　人権団体「ヴャスナ」は、1996年に採択されたルカシェンカ（ルカシェンコ）大統領へ独

裁的権限を付与する憲法改正案への抗議デモの際に、当局に拘束・投獄されたデモ参加者とその家族を支援するために設立された組織である[2]。「ヴァスナ」はその後、強権的なルカシェンカ政権により「政治犯」とされた人々に対する暴力や拷問を告発する人権団体へと発展し、現在に至るまで活発に活動を行っている。ベラルーシ政府当局は「ヴァスナ」代表のビャリャツキ氏の活動に対し妨害を繰り返し、2011年には脱税の疑いで氏を逮捕し2014年まで禁固刑に処した。しかし、ビャリャツキ氏は2014年の釈放後も人権活動と反体制活動に尽力し続けた。2020年8月の大統領選挙におけるルカシェンカ氏の選挙不正に対して巻き起こった大規模な抗議活動の際には、積極的にデモに参加し、政権移行のための「調整評議会」のメンバーにも加わったが、2021年8月に当局に再び逮捕され投獄された。その後裁判を重ね、2023年3月に抗議デモへの支援を理由に禁固10年の判決が言い渡され現在も服役中である。

ノーベル平和賞の授賞式が行われた2022年12月にはビャリャツキ氏は獄中にあったため、式典おいては彼に代わって妻のナターリャ・ピンチュク氏（Наталля Пінчук）が彼の過去の著作や発言を再編して彼自身の言葉としてそれを読み上げた。以下に訳出するのが妻ピンチュク氏の挨拶とビャリャツキ氏の言葉の全文である[3]。

講演全文[4]

陛下、妃殿下、ノーベル委員会の皆様、敬愛する皆さま。

大きな気持ちの昂ぶりと共に、2022年のノーベル平和賞受賞者を祝うこの場においてスピーチをさせていただく名誉にあずかっております。受賞者の中にはわが夫、アレーシ・ビャリャツキがいます。

残念ながら、彼は直接賞を受け取ることが

できません。彼は今もベラルーシで投獄されたままです。ですので、私がこの演壇に立たせていただいております。

ノルウェー・ノーベル委員会に心より感謝申し上げます。貴委員会の決定は、自らの信念を貫くアレーシを力づけ、同時に全てのベラルーシ人に対し、自らの人権を守る闘いにおいて世界が民主的に連帯してくれるのだという希望を与えています。

アレーシと彼の仲間たち、そして近年の彼の活動をたゆまず支援してきて下さった皆さま、そして今も支援して下さっている皆さまに感謝申し上げます。

「市民自由センター」ならびに国際人権団体「メモリアル」の受賞を心よりお祝い申し上げます。アレーシと私たちは皆、人権活動家の使命を果たすことがいかに重要で、またいかに危険をともなうのか、それをよく理解しています。特にウクライナに対するロシアの暴力という悲劇的なこの時においてはなおさらです。

獄中にいるのはアレーシだけではありません。そこには何千というベラルーシ人がいます。自らの市民的活動や思想を理由に抑圧され、囚われた人々が何万といます。何十万という人々が民主的な国家に暮らすことを望んだというだけで国を追われています。残念ながら、ベラルーシでは幾年にもわたって政権による戦争が続いています。自国の民衆、固有の言語[5]や歴史に対する戦争、民主的な価値に対する戦争です。私はこれを沈痛な思いと共に警戒を込めてこの場で言います。なぜなら今日のこの政治と戦争の状況がベラルーシという国を国家体制と主権の喪失の危機に晒しているからです。

残念ながら、政権は市民との話し合いを手榴弾、警棒、スタンガン、際限ない逮捕と拷問といった力に頼ることによってのみしか行いません。国家の譲歩あるいは対話に向けた

話し合いはありません。少女たち、青年たち、女性たち、男性たち、未成年者から高齢者に至るまで、あらゆる人々が絶えず苦しめられています。ベラルーシの刑務所では、特に自由な人間でありたいと願う人々に対して非人間的な顔つきをしたシステムが支配しているのです。

こうした中、政権側が民主主義的な信念と人権擁護活動を理由に、アレーシおよび人権擁護センター「ヴャスナ」で共に戦ってきた彼の戦友たちを逮捕したのは偶然ではありません。囚われている者の中にはマルファ・ラブコヴァ[6]、ヴァリャンツィン・ステファノヴィチ[7]、ウラジミル・ラブコヴィチ[8]、レアニード・スダレンカ[9]、アンドレイ・チャピュク[10] といった人権活動家たちがいます。他のある者たちは現在まだ取り調べと検察による弾劾の最中であり、またある者たちは国外への亡命を余儀なくされました。しかし、25年以上前にアレーシおよび彼と志を同じくする者たちによって組織された人権擁護センター「ヴャスナ96」のことは、「砕くも、止めるも、抑えもできない」[11]のです。

アレーシは、自身のスピーチ原稿を監獄の外へ伝えることは叶わず、私に文字通りわずかなことばを伝えることがやっとでした。ですので、そのことばやこれまで記録してきた彼のことばを通じて、皆さんに彼の考えを共有させていただきます。これは彼のかつての発言、著述、論考の一部です。そこにはベラルーシの過去と未来について、人権について、平和と自由の運命についての彼の考えがあります。

では、アレーシに発言を譲ります。

—— 自由を最も尊重する人々ほど、それを事あるごとに剥奪されるということが後を絶たない。私は友人たちを思い出す。キューバ、アゼルバイジャン、ウズベキスタンの人権活動家たちを。私は思い出す、わが心の姉妹であるイランのナスリーン・ソトゥーデを。私は香港の枢機卿陳日君に敬服している。現在、ベラルーシでは何千という人々が政治的理由で投獄されているが、彼らはみな私の兄弟姉妹である。何をもってしても人々の自由への渇望を止めることはできない。今、全ベラルーシが刑務所の中にある。ジャーナリストたち、政治学者たち、労働組合の指導者たちといった人々が獄中にあり、彼らの中には私の知人・友人が多くいる…。裁判所はまるでベルトコンベアのように有罪宣告を受けた者たちを収容所に割り当てるという機能を果たしており、新たに政治犯とされた人々の波がその場所に押し寄せる…

—— この賞は、わが友である全ての人権活動家たち、全ての市民活動家たち、そして体罰・拷問・逮捕・投獄を経験してきた何万というベラルーシ人達のものである。この賞は、自らの市民的権利の守るために声を上げた何百万というベラルーシ国民への褒賞であり、この国において人権をめぐり繰り広げられてきた劇的な状況を一層際立たせるものである。

—— 最近、こんな短い会話があった。
「いつ釈放されるのか？」—— 私は尋ねられた。
「いや、私はもう大いに自由なのだ。心の中は。」—— 私は答えた。
私の自由な心は、囚われの人々の上を、ベラルーシの面影がある楓の葉の上を悠々と翻っている。
自らの心の内に目を向ければ、理想は変わっておらず、価値も失っていなければ、光も失ってもいないと分かる。その理想は常に私と共にあり、私はそれを懸命に守りぬいている。その理想は黄金から鋳出されたに等し

く、錆びつくことはない。

我々は自分たちの社会をより調和的で、公正で、思いやりあるものへと整えていくことを望んでいる。独立した、民主的なベラルーシを勝ち取ることを望んでいる。ベラルーシが暮らしにとって平穏で魅力的であって欲しいと願っている。

この気高い理想は、世界共通の文化的良識に通じるものである。我々は何か特別なことを願っているのではない。我々が望むのはただ「人間と呼ばれること」[12]だけなのだ。我らが偉大な作家ヤンカ・クパーラが言ったように。ここには我々自身と他者への敬意があり、さらには人権、民主的な生活様式、ベラルーシ語、我々の歴史がある。

— 私は、早くからソ連的な社会の実情について批判的な立場をとってきた。特に対峙してきたのがベラルーシ語の厳しい使用制限や今日まで続く脱ベラルーシ化政策である。ベラルーシの旧態依然とした植民地的な隷属状態はそのままである。そして結果的に、一民族としてのベラルーシ人の存在は危機的状況にある。

人権をアイデンティティと独立の価値から隔てることは大いなる過ちである。私は1982年から、つまり事実上20歳から独立系の地下活動の道に携わっている。活動の課題としてきたことは人権が尊重される民主的で独立したベラルーシを実現することだ。民主主義なきベラルーシはありえず、独立したベラルーシなくしては人権もあり得ない。市民共同体は国家権力の濫用から個人の安全を保障するような独立を備えていなければならない。

— 私は信じている、なぜなら夜は必ず去り朝が来ると知っているから。私は知っている、我々のことをたゆまず前進させているのは希望と夢であると。

マルティン・ルーサー・キングは自身の理想のために命を捧げ、射殺された。私が私の理想のために払う犠牲はそれに比べれば小さなものだが、いずれにしろ犠牲は避けられない。ただ、私はそれを少しも惜しまない。なぜなら私の理想はそれを必要としているからだ。私の理想は、古くからの友人たちや精神的な師であるチェコのヴァーツラフ・ハヴェルやベラルーシのヴァシーリ・ヴィカウ[13]の掲げてきた理想と通じるところがある。両者は共に生涯をかけた大きな試練を経験してきた。両者は共に自らの民衆と文化のために多くのことを成してきた。両者は自らの人生の最後の瞬間まで民主主義と人権のために闘ってきた。

— 何もない畑にただちに豊かな実りが育つことはあり得ない。畑というのは十分に肥料を与え、石を取り除いてやらなければならないのだ。だが、70年間かけて共産主義政権がベラルーシに遺したものといえば、焼き尽くされた大地と呼べるものだ。

80年代の終わり、我々[14]は少数で文字通りお互いに顔を見知っているという時代だった。しかし90年代の初めには我々は何千、何万という数になった。

2020年8月9日、ベラルーシでは大統領選挙が実施された。そこで起きた大規模な捏造行為は、人々が声を上げに通りへと出ていくことを促した。決闘においては善と悪が対峙することになった。悪の側は十分に武装していた。一方で善の側には、この国おいて前例なきほどに平和的な抗議活動、何十万という人々が集結した民衆の抗議活動があるのみだった。

政権側は貪るように拷問や殺人といった弾圧の装置を発動し、ラマン・バンダレンカ[15]やヴィトリド・アシュラク[16]をはじめ多くの人々がその犠牲となった。

その弾圧行為の水準は残忍さという点で前代未聞かつ最も深刻であり、人々は信じがたいほどの拷問や苦しみを経験している。

人々を何か月・何年と拘禁する独房や牢獄はソ連時代の公衆便所を思い起させる。私は女性たちが牢獄に置かれることに絶対的に反対だ。想像してみて欲しい。この世の地獄に等しいベラルーシの牢獄で彼女らがどんな状況に置かれるのかを。

ルカシェンカの数々の発言は、彼の下の為政者たちが恐怖によって人々を止めるために白紙委任状を与えられていることを是認するものばかりである。

しかし、ベラルーシの市民たちは正義を求めている。大規模な罪を犯した者が罰を受けることを求めている。自由な選挙を求めている。ベラルーシという国とベラルーシ社会は、もうこれからは手足を繋がれていたかつての頃のようにはならない。人々は目覚めたのだ…

― 現在、善と悪の不断の闘いはほぼ純粋

な形であらゆる地域において展開されている。東からの冷え切った極寒の風がヨーロッパのルネッサンスの暖かさとぶつかったのだ。

教養があって民主的であるだけでは不十分であり、人道的で慈悲深いだけでも不十分である。自らの獲得してきたものと祖国のことを守れるようにならねばならない。中世の時代に祖国の概念は自由の概念に等しいものだったのは理由がある。

― 私はいかなるウクライナがロシアとプーチンを満足させるのかはっきりと分かっている。自立なき独裁政権である。抑圧された民衆の声に耳を傾けない今日のベラルーシのような。

ロシアの軍事基地、過度の経済的依存、文化的・言語的なロシア化 ― これがルカシェンカ側につく者の答えである。ベラルーシの現政権はプーチンが認めた範囲内でのみ独立している。だからこそ「独裁政権らのインターナショナル」と闘わねばならない。

ヴィリニュスの在リトアニア・ベラルーシ共和国大使館前にはルカシェンカ政権による弾圧で亡くなった人々の写真が並べられ、彼らを追悼するために毎晩キャンドルが灯されている。（2023年8月、筆者撮影）

― 私は人権活動家であり、それ故に非暴力抵抗運動の支持者である。私は生来暴力を好まない人間であり、常にそのように振る舞うよう心掛けている。一方で、善と真実は自らを守れるようにならねばならないということもよく分かっている。

可能な限り私は魂の中に平和を保ち、それを繊細な花のように育て、憎悪の感情を追い払う。そして私は祈る。

祖国が置かれている実情が私に長い間うずめられていた斧を掘り起こし、それを手に真実を守ろうとすることを強いることがなきようにと。平和。どうか私の魂に平和がありますように。

—— この12月10日という日に私は全ての人に繰り返し言いたい、「恐れてはならない」[17]と。これは80年代に教皇ヨハネ・パウロ2世が共産主義のポーランドを訪れ言った言葉だ。当時、彼はそれ以上のことは口にしなかった。だが、十分であった。私は信じている。なぜなら冬の後には春がくると知っているから。

以上、アレーシ・ビャリャツキの言葉を紹介させていただきました。最後に彼の心からの叫びをもってこの演説を閉じさせていただきたいと思います。
ベラルーシの人々に自由を！ヴャスナに自由を！ベラルーシよ、永遠に！

補足1
「パホーニャ[18]」 マクシム・バフダノヴィチ(著) / 柴田賢(訳)[19]

不安な心の中でだけ感じるだろう
祖国を前にした戦慄を——
聖なるヴォーストラヤ・ブラーマ[20]を思い出すだろう
そして厳めしい馬に乗る騎士たちを。

白い泡にまみれ馬たちは駆け抜ける——
もがき、ひた走り息を切らす……
古きリトヴァの[21]パホーニャは
砕くも、止めるも、抑えもできず。

果てしない遠方へ汝らは飛んでゆく、
そして汝らのうしろ、汝らのさきには——幾

星霜。
汝らは誰のあとをパホーニャへ急ぐのか？
一体どこへ汝らの路は伸びてゆくのか？

おそらく彼らは、ベラルーシよ、駆けだしたのではないか？
汝を忘れ、打ち棄て、
捕囚として売り渡した、
汝の子らを追いかけて。

彼らの心を打て——剣で打て、
異邦人になどさせるな！
聞かしめよ、心が夜ごと
故国のことに痛むのを……

愛しき母よ、母なる国よ！
これほどの痛みは静まりもせず……
許せ、汝息子を受け入れよ、
汝のため息子の死を許したまえ！……

飛び続けるその馬たちは、
銀の馬具を遠く響かせる……
古きリトヴァのパホーニャは
砕くも、止めるも、抑えもできず。

補足2
「何者だ、そこを行くのは？」 ヤンカ・クパーラ(著) / 北御門二郎(訳)[22]

何者だ、そこを行くのは？
そんなに大きな群れを作って？
—— それは白（ベロ）ロシヤ民族！
それは何？　草鞋を穿いて、手を血に染めて、
瘠せこけた肩に背負っているのは？
—— それは屈辱！
その屈辱をどうするのだ？
誰に向ってそれを示すのだ？
—— 全世界に向って！
それは何だ？　無慮幾百万のその人々に

不正を知らせたのは？　彼等の眠りを覚ましたのは？

── それは貧困と悲しみ

一体何を望むのだ？　世紀を超えて辱かしめられ

目も耳も塞がれたその人達は？

── 人間と呼ばれること！

注

1　授賞式においてビャリャツキ氏は劇作家でチェコ共和国元大統領のヴァーツラフ・ハヴェル氏より直接賞を受け取った。ハヴェル氏は2011年にビャリャツキ氏へのノーベル平和賞授与を支援する国際員会に参加するなど積極的にビャリャツキ氏を支援する立場を取ってきたことで知られる（https://www.svaboda.org/a/24350854.html, 2023年12月8日 閲覧）。ビャリャツキ氏は後の回想においてハヴェル氏を「精神的な師」と仰いでいる旨を語っている（Бяляцкі 2022: 193）。

2　このため当初は「ヴァスナ96」（Вясна 96）という名称を用いていた。

3　本稿の日本語訳部分については、タッチャナ・ツァゲールニック氏（北海道大学大学院）にベラルーシ語原文を踏まえ表現等について助言をいただきました。ここに記してお礼を申し上げます。

4　講演原文：Нобелеўская лекцыя Лаўрэата Нобелеўскай прэміі міру 2022 года Алесь Бяляцкі прамоўленая Наталляй Пінчук, Осла, 10 снежня 2022 года. （https://www.nobelprize.org/prizes/peace/2022/bialiatski/202271-nobel-lecture-belarusian/ 2023年12月8日閲覧）

5　ここではベラルーシ語のことを指す。

6　マルファ・ラブコヴァ（Марфа Рабкова, 1995-）は、ベラルーシの人権活動家で「ヴァスナ」のメンバー。2015年の大統領選挙の際にデモ活動に参加したことで当時在学中だったベラルーシ国立教育大学を退学に追い込まれ、2017年にヴィリニュスの欧州人文大学に入学。2020年の大統領選挙に際しては再度ミンスクでのデモに参加し、9月に逮捕・投獄された。その後裁判を重ね、2023年2月に14年9か月の懲役を言い渡された。（https://

prisoners.spring96.org/be/person/marfa-rabkova, 2023年12月8日閲覧）

7　ヴァリャンツィン・ステファノヴィチ（Валянцін Стэфановіч, 1972-）は、ベラルーシの人権活動家。「ヴァスナ」の評議会メンバーであり、国際人権連盟（FIDH）の副代表も務めている。2021年7月に治安部隊による家宅捜索と押収を受けて連行され、取り調べの後に投獄された。2023年3月に9年の懲役を言い渡された。（https://prisoners.spring96.org/be/person/valjancin-stefanovicz, 2023年12月8日閲覧）

8　ウラジミル・ラブコヴィチ（Уладзімір Лабковіч, 1978-）は、「ヴァスナ」の顧問法律家を務め、「自由な選挙のための人権活動家たち」というキャンペーンのコーディネーターでもある。2021年7月に逮捕・投獄され、最終的に2023年3月に7年の懲役が確定した。（https://prisoners.spring96.org/be/person/uladzimir-labkovicz, 2023年12月8日閲覧）

9　レアニード・スダレンカ（Леанід Судаленка, 1966-）は、「ヴァスナ」ホメリ支部の代表。2021年1月に治安部隊によって支部事務所が家宅捜索を受け同月に彼自身も逮捕・投獄された。2021年に3年間の懲役が確定し、服役していたが2023年7月に釈放された。（https://prisoners.spring96.org/be/person/leanid-sudalenka, 2023年12月8日閲覧）

10　アンドレイ・チャピュク（Андрэй Чапюк, 1996-）は、「ヴァスナ」のボランティア員として人権活動や政治的信条を理由に拘束された人々の支援を行っていたが、2020年10月に逮捕・投獄され、2022年9月に6年間の懲役が確定した。（https://prisoners.spring96.org/be/person/andrej-capiuk, 2023年12月8日閲覧）

11　詩人マクシム・バフダノーヴィチ（Максім Багдановіч, 1891-1917）の詩「パホーニャ」（Пагоня）の一節（詩の全文訳は文末の補足1を参照）。

12　詩人ヤンカ・クパーラ（Янка Купала, 1882-1942）の詩「何者だ、そこを行くのは？」（А хто там ідзе?）の一節（詩の全文訳は文末の補足2を参照）。

13　ヴァシーリ・ヴィカウ（Васіль Быкаў, 1924-2003）は、ベラルーシを代表する作家で、第2次世界大戦を題材にした小説を多く残した。1979～1989年にはベラルーシ社会主義共和国最高

会議の議員も務め政治家としても活動した。またソ連崩壊後1999〜2003年にはベラルーシ・ペンセンターの会長も務めた。作品のいくつかは日本語にも翻訳されている（清沢,臼山,ラムザ2016: 137）。

14 当時、ビャリャツキ氏らと共にベラルーシの独立と言語・文化の復興を目指し活動していた人々。

15 ラマン・バンダレンカ（Раман Бандарэнка, 1989-2020）は、2020年の大統領選挙後の抗議活動に際し、ミンスクの自宅近くの通称「変革広場」（плошча Перамен）にて暴行を受け、命を落とした青年。「変革広場」は抗議活動のシンボル・アートが置かれた集合住宅の中庭で、広場の柵には市民による抗議の意思表示のため多数の白赤白のリボンを結ばれていた。2020年11月11日の夜にそのリボンを撤去しようとしていた私服に覆面姿の不審者をバンダレンカ氏は止めようとし、激しい暴行を受け死亡した（https://spring96.org/be/news/113304, 2023年12月8日閲覧）。バンダレンカ氏への暴行はルカシェンカ政権側による取り締まりであったと考えられている。

16 ヴィトリド・アシュラク（Вітольд Ашурак, 1970-2021）は、社会活動家でベラルーシ人民戦線党のメンバー。2020年9月に大統領選挙後の抗議活動の中で逮捕され、2021年1月に5年の懲役を言い渡され服役していたが、同年5月に獄中で突然死したことが報じられた。公式発表では死因は心停止とされたが、親族によって引き取られた彼の遺体の頭部は損傷し包帯で覆われていた。遺体の損傷は運搬中に落下したためと説明があったが、獄中で何らかの暴行があったのではと疑われている。（https://prisoners.spring96.org/be/person/vitold-ashurak, https://spring96.org/ru/news/107754, 2023年12月8日閲覧）

17 スピーチにおいては80年代と言及しているが、正確には1979年にヨハネ・パウロ2世が祖国ポーランドの首都ワルシャワのピウツキ広場で行った演説で人々に向かって呼びかけたことで知られる「Nie lękajcie się.」という言葉のことであると思われる。

18 ベラルーシ語でパホーニャ（пагоня）とは、字義通りには「（逃げる者を）追うこと、追撃すること、追撃・追跡する者」を意味する。現在のベラルーシとリトアニアの領域に跨って栄えたリトアニア大公国では、これが祖国防衛の象徴として紋章化され国章として採用された。この紋章は20世紀初め頃からベラルーシ・ナショナリズムのシンボルとなり、1990年代前半には一時的に正式な国章としても採用された。ルカシェンカ政権の成立以降は、反体制のシンボルという意義も帯びるようになり現在に至る。パホーニャを含むベラルーシのナショナル・シンボルについての詳細は、拙稿「ベラルーシのナショナル・シンボル：白赤白旗と紋章パホーニャの概要」（清沢2020）を参照。

19 バフダノーヴィチ（2020: 46-47）

20 ヴォーストラヤ・ブラーマ（Вострая брама）は「尖塔の門」の意。ヴィリニュス旧市街にある城壁の一部。パホーニャのレリーフが存在する。リトアニア語名は「夜明けの門 Aušros vartai」。（柴田2020: 47）

21 「リトヴァの」（Літоўская）は、ここでは「リトアニア大公国の」の意。（柴田2020: 47）

22 Янка Купала（1983: 141）

参考文献

清沢紫織、臼山利信、ラムザ・タッチャーナ「日本におけるベラルーシ語事情：ベラルーシ文学の邦訳とベラルーシ語教育を中心として」『複言語・多言語教育研究』第4号、2016年、135–151頁

清沢紫織「ベラルーシのナショナル・シンボル：白赤白旗と紋章パホーニャの概要」『SRC研究員の仕事の前線』、2020年（http://src-h.slav.hokudai.ac.jp/center/essay/20200913.pdf）

マクシム・バフダノーヴィチ（著）、柴田賢（訳）『マクシム・バフダノーヴィチ詩選』在リトアニア・ベラルーシ文化協会、2020年

Алесь Бяляцкі. Алесь. / Менск−Варшава−Менск: Połackija Łabirynty, 2022.

Янка Купала. А хто там ідзе? : на мовах свету. − / Мінск: Мастацкая літаратура, 1983.

（きよさわ　しおり　北海学園大学）

もうひとつの平和賞
ウクライナ作家セルヒー・ジャダンが語るもの

小林　潔

1. ジャダンとその経歴

　2022年のノーベル平和賞はベラルーシ・ロシア・ウクライナの人権団体・活動家に授与されたが、この年、もう一つの平和賞がウクライナの活動家に授与されている。ドイツ書籍協会平和賞である。2022年6月、ドイツ書籍協会は当年の平和賞受賞者を選定し、同年フランクフルトブックフェア会期中の10月23日に同市パウロ教会にて授賞式を開催した[1]。受賞者はセルヒー・ジャダン（写真）。ハルキウのウクライナ語作家である。表彰理由は、その「傑出した芸術活動と人道的振る舞い」である。ジャダンは戦火の中の人々に身を捧げ、自身の命も省みず支援をしたのだった[2]。10月の式典ではジャダン達が記念講演に登壇し、その内容は平和賞ウェブページで公開されたほか、独英宇語による書籍としても刊行された[3]。

　ドイツ書籍協会平和賞は1950年から毎年、「特に文学、学術、芸術での活動で平和思想の実現のために傑出した貢献を成した人物」に授与されるもので、これまでシュバイツァー（1951年）、ヘッセ（1955年）、リンドグレーン（1978年）、ハーバーマス（2001年）、スヴェトラーナ・アレクシエーヴィッチ（2013年）、マーガレット・アトウッド（2017年）らが受賞した。2023年の受賞者はサルマン・ラ

シュディである[4]。

　2022年の受賞者ジャダン（ジャダーン、Сергій Вікторович Жадан）はウクライナ文壇のヒーローといえよう（以下、書籍協会、ドイツの出版社Suhrkampの情報[5]による。露英独語のWikipediaも参照した。なお、日本語版Wikipediaでも立項されているが情報量は少ない）。1974年8月23日、ウクライナ東部ルハンスク州スタロビルスク市生まれ（山本太郎議員と同年）。96年、ハルキウ民族教育大学卒。文芸学、ウクライナ文学、ドイツ文学を専攻し、ウクライナ未来派の研究を行った。99年、アスピラントゥーラ修了。学位論文は「ミハイリ・セメンコの哲学美学観」。2000 ～ 2004年母校のウクライナ文学世界文学学科で講師をつとめた。現在、ハルキウ在住で、作家、詩人、シンガーソングライター、翻訳家として文筆・音楽活動を行うほか、人道支援でも活躍している。

　1991年17歳の時にデビューし、以来、詩集、小説、戯曲を複数点刊行している（出版社Suhrkampのサイトでは、詩集12点、散文7点としているが、翻訳されていないものを含めればもっと多い）。その作品は、ドイツ語、フランス語、英語、ロシア語、ベラルーシ語等に翻訳されている。なお、邦訳として«Интернат»〔児童保護施設〕（2017年）が2023年秋、出版予定と

FRIEDENSPREIS DES
DEUTSCHEN BUCHHANDELS 2022
für

SERHIJ ZHADAN

写真：Suhrkamp 社。
https://www.suhrkamp.de/person/serhij-
zhadan-p-5533

いう[6]（2015年ドンバス、30歳のウクライナ語教師と保護施設に収容された甥の話の由）。

音楽活動では、グループ «Жадан i Собаки»〔ジャダンと犬ども〕のメンバーである。当該バンドの前身はスカ・パンクバンド «Собаки в Космосі»〔宇宙の犬ども〕で、2008年にはジャダンとコラボを始めており、彼はリードボーカルと作詞を担当している。

国内外での表彰は多数である。2014年には «Ворошиловград»〔ドンバスに於けるジャズの発見〕でヤン・ミハルスキ文学賞、ベルリン架け橋文学・翻訳賞を受章。2019年には "PEN America Announces 2020 Longlists" 詩歌部門に作品が挙げられた。2022年には書籍協会平和賞のほか、フランク・シルマッハー財団自由賞、ハンナ・アーレント政治思想賞を受賞した。

政治活動・社会活動も積極的に行っている。2004年のオレンジ革命、2013～14年のユーロマイダンに関わった。後者ではハルキウ・ユーロマイダンのメンバーで、親露派の襲撃も受けるほどであった。2014年からの所謂ドンバス戦争では、バンドとともに現地に何度も赴きコンサートを開催するほか、人道支援を行い、また、現地での体験と見聞に基づいた著作を認めて、諸外国での講演も行った。2017年2月には援助のためにセルヒー・ジャダン慈善団体を設立した。

2022年のロシアによるウクライナ侵攻の後もハルキウに留まり、著作・音楽活動のみならずSNSへの投稿、ロシアとの戦いを続ける市民・ボランティア・義勇兵・兵士への援助を続けている。

日本での知名度は低いと言わざるを得ないが、既に2014年4月24日に独紙 "Frankfurter Allgemeine Zeitung" の記事（2014年4月21日付）を紹介する形で伊東孝之名誉教授によるSNS投稿が見られる。ニューヨークでのジャダンの活動については笹野大輔氏によるネット記事「NYのウクライナ・ミュージアム——ウクライナの市民に寄り添う詩の朗読」（2022年12月4日）[7]がある。平和賞受賞については『朝日新聞』で野島淳記者により報道された（「戦時下『話すことをやめない』ドイツ書籍協会・平和賞、ウクライナ作家が受賞し講演」（2022年10月24日付））。オリガ・ホメンコ氏も「それぞれの時代を代表する詩人」の一人としてジャダンに言及している（「国民詩人タラス・シェフチェンコ」（2023年2月22日付）[8]）。

2：ウクライナ侵攻を経て－2つのテキスト

敵味方の砲火が現実に行き交う中ではジャダンの主たる活動は、物的・形而下的にウクライナを支えることであろう。もちろん軍隊に出向いてコンサートもするし、筆を折ったわけでもない。彼の文筆活動の主戦場はFacebookやTwitterというSNSである。目前で次から次へと起きることを言語化し、世界に知らせること、これは言語を扱う者の重要な任務である。そもそも戦争前から、ジャダンはSNSに頻繁に投稿していた。だが、いかなる非常時にあっても日々の報告だけが重要だとはならない。異なる次元からの言語化も必要であって、ジャダンの日々の投稿記事にもそれは見られる。このことを彼は講演や著作でもあらためて行い、強調している。

この戦争は言語の問題でもある。戦争の名目がウクライナ領域内のロシア語話者救済だからというだけではない。ロシア語話者同士の殺し合いだからでもない。誘拐したウクライナ人の子どもにロシア語による洗脳が行われているからというだけでもない。言語と民族と国家・政治との関係の再考を迫っているからというだけでもない。個人の言語権の問題だけでもない。ロシア・ウクライナ国外の言語教育にも影響するからだけでもない。今までネイティヴとしてロシア語の素晴らしさを語っていた教師が急に自分はウクライナ人

だと主張し、ロシア語への憎悪を語り始めたのを見て感じた困惑と失望でもない。そもそも、言語とある集団への帰属は直結するのかという問題がある。直結しないし、利用してはならない、というべきだろう。

この戦争が言語の問題であるのは、戦争という現実をどう語るか、そして大事なのは、それを越えて、ことばはどうあるべきかが問われているからである。平和賞授賞文をひく[9]。

その小説、エッセイ、詩と歌詞でジャダンは、大きな断絶を経験しつつも伝統に生きる世界へと我々を導く。彼のテキストは、戦争と破壊がこの世界に入り込み、人々を震撼させる様を物語る。同時に、ジャダンは自分なりの言語を見出す。その言語によって、多くの人々が長いこと見たがらなかったものが我々の目前に強く訴えるように、きめ細かく示されるのである。熟考傾聴し、詩的かつラジカルな調子で、ジャダンが探り出すのは、ウクライナの人々が暴力にまみれながらも、平和と自由に依拠する独立した生活を送ろうとする様子である[10]。

本稿では、ジャダンの、また彼の平和賞受賞に関する、時期を同じくする2つのテキストを紹介する。

a.『ハルキウの空の下から　戦時下の報告』（2022年2〜6月、後書き8月）

独語版・英語版の書誌を示す。表題は独語版を直訳すれば『ハルキウの上の空　戦時に生き延びた者からの報告』。最初に独語版が出て、後に英語版が刊行。ともにウクライナ語からの翻訳であるが、宇語版があっての翻訳ではない[11]。

・独語版：Zhadan Serhij, Himmel über Charkiw. Nachrichten vom Überleben im Krieg. Suhrkamp, 2022/12. 239 S. 翻訳者は Juri Durkot, Sabine Stöhr, Claudia Dathe.

・英語版；Zhadan Serhiy, Sky Above Kharkiv. Dispatches from the Ukrainian Front.— Yale University Press, 2023/5. 208 pp. Kindle 版有。翻訳者は Reilly Costigan-Humes. Isaac Stackhouse Wheeler.

著者の2022年2月24日から6月24日までのハルキウ発Facebook及びTwitter宇語投稿を翻訳・編纂したもの。後書きは2022年8月1日付け。出版社Suhrkampのウェブページによれば、「本書は、進行中の出来事のクロニクルであり、ある一人の人間の証言である。著者は、執筆の中で新しい現実に入り、全てを滅ぼそうという動きに抵抗している人物である。孤立した観察者ではなく、ここ8年の間に共に強くあるとはどういうことかを学んできた社会の一人の活動的な民間人である。」[12]　ブチャ、マリウポリ、バフムト、ザポリージャ、ヘルソンと（そしてガザと）現在進行形で新たな悲劇が続く中では、本書も（本書の価値は現場からの報知だけではないとはいえ）今となっては過去の話となって訴求力が弱まってしまったか。邦訳するアクチュアリティが失われたのが残念である。

この戦争が産んだ戦中日記の一つと言える。本書（すなわち著者のSNS投稿）では、愛国と戦意昂揚とロシアへの憎悪と独立国としてのウクライナ建国が徹底的に語られる。ハルキウのことは語られねばならず、また世界に知らせねばならない、と。なお、ここでいうロシアとは、国としてのロシアやロシア軍の他、ロシア人、ロシア語、ロシア文化を含んでいる。インテリが期待しがちであろう、憎悪の中での人文教養の役割や葛藤はない。配給をこっそり私したり、そうした人が驚くべき献身をしたりといったこれまでの文学作品が描いてきたような人間の多面性はない。善意はウクライナ側にはある。プロフェッショナルな文学研究者でもあるジャダンがこ

のような叙述をプロパガンダとか「無葛藤」として批判される可能性を意識していなかったとは思えない。随所に見られる、言葉や書く事への内省、文芸論やアカデミズムへの述懐がそれを裏付けている。だが、彼は強くまた人望もある人で、ペンの人であると同時に実際に戦地や爆撃された街々を廻り、ウクライナの勝利に貢献しようとする活動の人であった。そうした者として語ることにしたのだろう。日記に頻出する決め台詞は「明日の朝になれば我々はまた一日勝利へと近づく」である。

2022年8月1日付の後書きには「ハルキウにて」とある。邦訳して4630字。最後の部分を引用する。

戦争は続き、私たちの国を更に疲弊させ、私たちの民の命を奪っている。しかし、私たちの抵抗も続いているし、占領者が私たちに持ち込む全面的な悪意を押しとどめている。何人たりとも私たちから、私たちが生まれたこの国を私たちの国だと呼ぶ権利を奪うことは出来ない。そして、何人たりとも私たちから、私たちの言語で話す権利を奪うことは出来ない。悪意と同等にやりとりするに私たちの力が常に足りているわけではないが、結局は、私たちの言語はずっと強く、私たちを黙らせようとしたり、憚らずしゃべることを止めさせたり、私たちが知っている私たちの名前を声に出させないようする試みに負けることはない。私たちは私たちの死を阻止することにした。私たちは私たちの完全な沈黙を許さないことにした。私たちは、自身で真実を語る権利を我が物とする。この戦争について、この時代についての真実である。空を行き大気をより透明にし力強くするこれらの声たちの真実である。

b.『ドイツ書籍協会平和賞2022　ジャダン受賞演説』

Friedenspreis des deutschen Buchhandels 2022. Serhij Zhadan Ansprachen aus Anlass der Verleihung.— Frankfurt a. M.: Börsenverein des Deutschen Buchhandels, 2022〔月日記載なし〕. 111 S.

本書は、2022年10月23日ドイツ書籍協会平和賞授与式（フランクフルト　パウロ教会）での演説を掲載。ドイツ語、英語、ウクライナ語。本書の大部分は書籍協会のウェブページ[13]でも閲覧可能である。そこでは、テキストの他、各挨拶の音声（ジャダンのものも含む）や書籍版にないザルツマン演説の宇語訳も見られる。

書籍版内容：

・授賞文　セルヒー・ジャダン宛　書籍協会代表 Karin Schmidt-Friderichs 名義（独英語）
・Karin Schmidt-Friderichs（書籍協会代表）挨拶 Begrüßung/ Greeting（独語・英訳）
・Ina Hartwig（フランクフルト市文化学術局長）挨拶 Begrüßung/ Greeting（独語・英訳）
・Sasha Marianna Salzmann, 賛辞 Laudatio/ Laudatory speech「肺から出てきた文章 Schreiben aus der Lunge heraus/ Writing from the lungs」（独語・英訳）
・ジャダン 受賞講演 Dankesrede/ Acceptance speech/ Виступ з подякою/「戦争を語るにあらず / Lass es einen Text sein, aber nicht über den Krieg/ Let This Not Be About the War/ Хай це буде текст не про війну」（独訳、英訳、宇語）
・ジャダンの経歴・受賞歴・著作一覧（独語、英語）
・平和賞選定委員名簿　9名
・平和賞受賞者と賛辞演説者1950 〜 2022年

ジャダンの講演もさることながら、諸家の挨拶・演説も興味深い。誰もがジャダンの営為を高く評価しているのだが、彼の書くものは文学なのか、見解が分かれているのである。

ジャダンの受賞記念講演の題目は独語を直訳すると「あるテキストであらしめよ、しかし戦争についてではなく」とでもなろう。ウェブ版では更に「その後読まれるための」とある。ここでは「戦争を語るにあらず」としておく。講演録音は27分47秒、独語版から邦訳して9300字ほどのテキストである。戦死者収容用の冷蔵車輌を前線に届けるエピソードから講演は始まる。

もちろん戦争も言及される。「公正Gerechtigkeit/justice/справедливістьなしの平和はない、ということです。問われているのは世界です。疑わしい即物的利益と偽りの平和主義のために、更に一度、制御が効かない全面的な悪を受け入れてしまう用意があるのか（あるいはないのか）が問われているのです。」「私たちが私たちの軍隊を支えるのは、戦争を欲しているからではなくて、何としても平和が欲しいからなのだ、ということです。ただし、平和を言い訳に私たちに示される、ソフトで控え目な形の占領は、平和な生活と私たちの都市の再建には適した方策ではないのです。おそらく、ウクライナが占領されたら、ヨーロッパの人はエネルギーキャリアに支払う金額が減るのでしょう。しかし、そうなったらヨーロッパの人は自身をどう思うのでしょうか。平和で落ち着いた国土での生活を望んでいた人々の存在を無にし、その家屋を破壊することで、自分たちが暖かなマイホームを購ったのだと自覚した（それを避けて通ることはできない）ら。」

しかし、講演は「戦争を語るにあらず」であった。主要テーマは、言葉と記憶と眼差しである。

ジャダンは語る。戦争は時間や空間の感覚を変える。「積み重なる出来事と感情、押し流してくるどんよりとした血の流れ、その中に人は捉えられ包み込まれている、この濃縮、圧迫、自由に呼吸し気軽にしゃべることがで

きない、これが、戦時の現実を平時の現実から根本的に変えるものなのです。しかし、人は語らねばなりません。戦争の時代でさえも。まさに戦争の時代だからこそ。」

戦争は言語も変える。「戦争は語りを損ない傷つけている。」言葉の可能性に限界があることも見えたが、だが、作家とは、「他の全ての者と同じように黙り込んだ一匹の蟻でもあります。戦争が始まって以来、私たちはこの傷つけられた能力、自身を理解させる力を取り戻してきています。我々全員が説明を試みています。我々自身を、我々の真実を、我々が傷つけられ悪夢に苛まれるのにも限りがあることを語ろうとしています。おそらく、ここに文学の優位があります。文学は全体として、かつての言語的なカタストロフィや断絶を自身のうちに担っているからです。」

記憶について語ることも重要である。「戦争は、単に別の経験を意味するものではありません。そうだと言い張る人は、単に外面を語っているにすぎません。表面にあること、記述はあるものの説明が足りていないことを語っているだけなのです。戦争は私たちの記憶を変え、この上なく苦痛に満ちた体験とひどく深刻なトラウマ、きわめて苦い会話でもって記憶を満たします。この記憶を払拭することは出来ないし、過去を修正することも出来ません。この瞬間から、記憶は自分自身の一部なのです。」では、とジャダンは述べる。「私たちは、自分を表現し、説明するために何を持っているのでしょうか。私たちの言語と私たちの記憶です。」

そして、そこにある眼差しは、「見られるものをこえて見てしまい、闇に目を向け、そこでさえ何かを見て取ってしまった者の眼差し、この眼差しはずっと違うままです。そこに、とても意味のある物事が映し出されているからです。」

最後の段落を引用する。

戦争が終わった後、私たちの言語はどのように見えるのでしょうか。私たちはお互いに何を言明しなければならなくなるでしょうか。なにより、私たちは、死者の名前を声に出して言わねばなりません。名前は呼ばれねばなりません。そうしなければ、言語の中が大きく引き裂かれてしまいます。幾つもの声の間に虚空がうまれてしまいます。記憶が断絶してしまいます。私たちは、斃れた我々の人々について語るべく、多くの力と信頼を必要としているのです。彼らの名前から私たちの語彙が成立するからです。それから同じように、多くの力と自信と愛情を、私たちは未来について語り、未来に調べを与え、言語化し記述するために必要とするでしょう。いずれにしても、私たちは、時間についての私たちの感覚、展望についての私たちの感覚、持続についての私たちの感覚を再建しなければなりません。私たちの運命は未来にあるのです。実際、未来に対して私たちは責任があります。未来は今、私たちのヴィジョン、私たちの信念、私たちの責任に対する覚悟から生まれるのです。私たちは私たちの未来に対する感覚を取り戻すでしょう。私たちの記憶の中で、明日私たちの関与が求められる多くの事柄があり続けるからです。私たちは誰もが、この、私たちを担い、私たちが別れないようにし、私たちを結びつけるこの流れの一部なのです。私たちは皆、私たちの言語を通して結びついています。そして、ある時点で言語の可能性に限界があり不十分であるかのように見えたとしても、私たちはとにもかくにも我らの言語が持つ手段を使わざるをえないでしょうし、この手段は、未来には語りえない物事もないし私たちの間の誤解も起きないという希望を私たちに抱かせてくれるのです。時には言語が弱く見えることがあります。しかし、言語は、尽きることのない力の源泉です。おそらく、言語はある時点では人との距離があるのですが、人を見捨てることはありません。そしてこれは、重要かつ決定的なことなのです。私たちが自分たちの言語を持つ限り、おそらく私たちにはまがりなりにも、私たち自身を説明し、私たちの真実を語り、私たちの記憶を整理しうる機会があるのです。それゆえに私たちは語り、また語ることをやめないのです。たとえ、ことばで私たちの喉が荒れることがあるとしても、ことばに見捨てられ、むなしさに満たされることがあるとしても、語るのです。声は、真実にチャンスを与えます。そして、この機会を活かすことが重要です。おそらく、それはそもそも、私たち皆に起きうることで最も重要なことなのです。

3: ジャダンに寄せて

現実に戦争が続いている。そんな中では一人一人に実存的な選択が迫られている。

戦火の中、その戦争から生まれた作品を読むとはどういうことだろうか。外国の読者が当事者でもない事柄についての本を買って読むことはどういうことだろうか。私は、ウクライナに送金できたかもしれない金銭を使ってジャダンや関連の書籍を購入した。公費は使っていない。それなりの時間を使い、辞書やネットも使って講読した。稿料もない。そんな暇と金があったら、ウクライナあるいはウクライナ避難民への直接的な支援に向かうべきではなかったのか。支援のために金銭を出すのはヨーロッパでは常識なのですよ、という支援者の文言も目にした。日本で黒パンが欲しいと訴える避難民に黒パンを探してやるべきではなかったのか。ジャダンのテキストにも具体的な物的・金銭的支援の訴えが出てくる。私は、そうではなくて、彼の本を買っ

て読み、彼について書くことにした。ロシアの知人達は嫌がるだろうが、ジャダンについて書くことを自分の義務とも考えた。

　ジャダンのテキストを読むこと、その声に、正確に言えば、彼がテキストの中に集め再現したウクライナの人々の声に耳を傾けること、これは意味があるし、またすべきことと思う。

　日本でも連日のようにウクライナ情勢が報道され、ウクライナ避難民の処遇や位置づけが議論され、ドイツやポーランドでのウクライナ避難民についても報道されているが、ジャダンの平和賞受賞や著作はそれほどの話題にならなかったし、今もなっていない。ウクライナ文学は語られるようになっていて、例えばウクライナ人自身による日本語による考察（オリガ・ホメンコ『キーウの遠い空—戦争の中のウクライナ人』（中央公論新社、2023年7月））が刊行され、侵攻前から日本でも知られていたアンドレイ・クルコフといった作家の書籍は邦訳されている（『侵略日記』（集英社、2023年10月））。一方でジャダンの知名度はいまだ日本では低い。ウクライナへの関心に日本で偏りがあることを示す事実であるが、これは、日本では依然としてウクライナ語・ウクライナ文学に通じる者が少なく（従って少数の専門家に仕事が集中している由）全てに目配りすることは出来ないということと、ジャダンのようにドイツで知られていてもドイツ語が出来る日本人にはウクライナへの関心は薄い、といったことが理由なのであろう。それでもいずれは、ジャダンの音楽や文筆活動をフォローする研究者が現れるだろう。そうなれば、ことばとは何か、文学とは、書くという営みはいかなることか、ウクライナでの事象やジャダンを含めた文筆家達の営為をもとにした論考が示されることと思われる。

　本稿でも平和賞授与式で引用された[14]ジャダンのことばを引いておく。

　「詩で戦争に勝つことはできないが、詩人は戦争の証人になれる。」

　しかし、書くという営為は単なる証言に留まるものではない。

注

1　https://www.suhrkamp.de/nachricht/serhij-zhadan-erhaelt-den-friedenspreis-des-deutschen-buchhandels-2022-b-3682　〔閲覧は2023年9月12日、以下同〕

2　https://www.friedenspreis-des-deutschen-buchhandels.de/alle-preistraeger-seit-1950/2020-2029/serhij-zhadan

3　Friedenspreis des deutschen Buchhandels 2022. Serhij Zhadan Ansprachen aus Anlass der Verleihung. —Frankfurt a. M.: Börsenverein des Deutschen Buchhandels, 2022. 100 S.

4　https://www.friedenspreis-des-deutschen-buchhandels.de/alle-preistraeger-seit-1950

5　独語https://www.suhrkamp.de/person/serhij-zhadan-p-5533；英語　https://www.suhrkamp.de/rights/person/serhij-zhadan-p-5533

6　『朝日新聞』（2022年10月24日）の報道による。

7　https://dayart.co.jp/d-sasano-18/

8　『キーウの遠い空—戦争の中のウクライナ人』（中央公論新社、2023年7月）所収。

9　以下、引用は主として独語からの翻訳。適宜、英語版宇語版を参照した。

10　https://www.friedenspreis-des-deutschen-buchhandels.de/alle-preistraeger-seit-1950/2020-2029/serhij-zhadan

11　https://nashkiev.ua/news/zhadan-vipustiv-schodennik-pro-viinu-ale-poki-scho-tilki-nimetskoyu

12　https://www.suhrkamp.de/buch/serhij-zhadan-himmel-ueber-charkiw-t-9783518431252

13　https://www.friedenspreis-des-deutschen-buchhandels.de/alle-preistraeger-seit-1950/2020-2029/serhij-zhadan

14　書籍協会代表で選定委員会の座長でもあるKarin Schmidt-Friderichsの挨拶にて。

（こばやし　きよし　神奈川大学／言語教育）

ウクライナにおけるロシアの軍事作戦と在外ロシア正教会

近藤　喜重郎

1. はじめに

　2022年2月24日、ロシア連邦は公式に現ウクライナ領へ派兵した。この軍事行動は、すでに多くのメディアが紹介している通り、世界中に様々な影響を及ぼしており、この10年ほど過熱してきたウクライナ問題を論ずる書籍は、今やロシア教会史の研究者だけでなく、イスラムの研究者が一般読者向けに論じたものも注目を集めている（高橋2023、中田2022、廣岡2020、三浦2022など）。そこで注目されているのは、ロシアとウクライナの関係を理解するためには、その宗教、すなわち正教のキリスト教について知る必要がある、という指摘である。

　本稿は、ロシアの軍事行動を受けて、在外ロシア正教会指導部は自らの信徒にどのようなメッセージを発したのかを論じる。聖職者の言葉はそれを聴く信徒の体験に即して受容され、言葉はそれを聴く人の経験に支えられた体感にまで落とし込むことができなければ、いずれ意味を失う。その意味で、"戦争とアイデンティティ"をテーマにした対談（塩川・池田2022）にある、外の視点からの安易な批判を避け、内的論理の解明と理解に努めるのが研究者の務めであるとの指摘は重要だ。近年のロシア正教会、ことに教会指導部の発言については、この立場を逸した論考や解説が見られ、残念に思うことがある。

　なお、本稿では、ウクライナの街や地域について、例えば、現ウクライナの街を示す場合に「キーウ」と、歴史上の街を指す場合に「キエフ」と記すなどの表記法を採る。

2. 在外ロシア正教会とは

　在外ロシア正教会[1]とは、帝政時代にロシア国外に設置されたロシア正教会の整備と、ロシア革命後の混乱期に出国した信徒の霊的支援を意図した主教らの発意によって、1921年に組織されたものである。以後、ソ連時代を通して、ロシア国外で招集され、ロシア国外で最上位の主教が議長を務めるシノドによって率いられたことから、「在外シノド（または在外シノド教会）」とも呼ばれた。シノドとは、正教会の最高執行機関を構成する、高位聖職者（主教）の常設会議である。ロシア正教会にはモスクワで招集されるシノドがあり、それはモスクワ総主教が議長を務める。

　この教会はまた、「カルロフツィ（またはカルロヴァツィ）派」とも呼ばれた。戦間期にセルビアのスレムスキ・カルロフツィにシノド事務局を置いたことがその理由である。ロシアから亡命した主教らの地位を最初に保証したのは、イスタンブールの全地総主教であったが、彼らに自らの施設を提供したのは、セルビア総主教率いるセルビア正教会であった。総主教とは、正教会における独立地方教会の最上位の聖職であるが、現在のイスタンブールの総主教は、今も「コンスタンチノープル総主教」と呼ばれ、「全地総主教」の名誉を受けている。

　亡命主教らが上の目的をもって1921年に在外ロシア正教会の総会を企画すると、その報告を受けたモスクワ総主教はこれを祝福した。それがのちにモスクワとは別に運営されるに至ったのは、次の理由による。すなわち、亡命先では、元帝国政府高官も反革命軍将兵

もまた教会信徒として教会運営に関与したから、教会指導部も政治上の対立に巻き込まれざるを得なかったのである。

まず、先の総会でのことである。そこで議員からボリシェヴィキの非道が報告されると、それへの非難声明を出すよう、動議が上がった。この動議について議場が賛否に分かれたため、最終的な判断は信徒議員も含む全議員による投票に委ねられた。当時、ロシア正教会では民主主義が導入された直後だったからである。その結果、主教の半数と司祭の大半が反対票を投じたが、教会指導者の署名入りでの非難声明の作成が採択された。

こうして作成され発表された声明に対し、当時迫害下にあり、"教会は非政治的である"ことを要求していたモスクワ総主教は、まもなくこれを非難した。

また、モスクワ総主教チーホンの死後、その代理代行にあった府主教セルギィがソヴィエト政府へ忠誠を誓約し、同様の誓約を聖職者全員に要求したことがある。これを受けて、在外シノドのメンバーは、ソヴィエト政府によって投獄されていた主教らとの連帯を主張する者、モスクワのセルギィとの連帯を主張する者、その両者と関係を断つ者に分かれた。セルギィは自らの要求を満たさない者を罷免したが、罷免された亡命主教らには一定数の支持者が移民の間にいたため、その教会組織は維持された。

以後、ソ連時代を通して、モスクワとの関係を断ったグループがモスクワとの関係回復を進める中、在外シノドは最後までモスクワのシノドとは独立して運営された。とりわけ、ソ連末期には在外シノドが「祖国復帰」を始めたため、モスクワのシノドとの間に鋭い対立を招来した。ソヴィエト体制に認められる形で存続した祖国の教会に対し、体制に認められない形で信仰生活を守っていた人々などが、在外シノドへの転籍を行うようになった

のである。

だが、2007年に在外ロシア正教会首座の府主教ラヴルと総主教アレクシィ2世の間で和解が実現し、ラヴル府主教治下の在外ロシア正教会は、ロシア正教会の「準自治教会」の地位を得た。正教会における「自治教会」は、独自に運営され、独自に首座を選出できる「独立教会」とは異なり、その首座を選出する際には独立教会（通常は母教会）の承認を必要とする。正教会は、各国にある教会を地方教会とみなすため、国境を越えて組織される在外ロシア正教会は、通常の自治教会とは異なる地位が与えられたのである。

この時も、和解を拒否した主教らが現れた。中でも、モスクワ総主教教会のソヴィエト政府に対する姿勢を厳しく非難した、在外ロシア正教会第4代首座主教ヴィタリィの立場を踏襲するという主張の下、「ヴィタリィ派」と呼ばれるグループは、「サンフランシスコおよび西アメリカの大主教」を首座とする「在外ロシア正教会」を構成し、「РПЦЗ (В)」という略称でラヴル府主教の流れとは別のものとして知られている。ほかにもオデッサの府主教アガファンゲルを首座とする「在外ロシア正教会」があり、こちらは、「РПЦЗ (А)」の略称で知られるが、これについては割愛する。

ヴィタリィ派の中には、在外シノドへの転籍を行なった旧ソ連領内の主教らもおり、その中でもキーウ市内にある大聖堂1つとキーウ州内の修道院を1つ統理する主教アレクシィは、自らの賛同者とともに「在外ロシア正教会小ロシア主教区[2]」を運営している。

「在外ロシア正教会小ロシア主教区」ウェブサイトから（URL：http://rocor-kiev.org/）

「小ロシア主教区」という主教区名は、ウクライナの存在を否定するものだと批判する

ウクライナのメディアもある[3]。だが、同主教区のウェブサイト[4]によれば、14世紀のキエフ陥落後に、時のコンスタンチノープル総主教によって設置された同名の主教区が、現在のウクライナやモルドヴァと近隣諸国の土地から構成され、現在のアレクシィの主教区とほぼ同じ範囲を含むことに由来するという。つまり、彼らのいう「小ロシア」とは、"元々のロシア"の意味であって、政治的性質も民族的特徴も言語的特性も関係ないのだ。むしろ、ソ連政府に迎合したモスクワ総主教を赦せない彼らにとって、ソ連時代にはソ連政府に迎合し、ソ連解体後にはナショナリストに迎合して総主教位を主張したキエフ府主教とその一派も同じ穴の狢なのである。

3. 政治に対する教会の態度について

かくして、アレクシィは、2022年の特別軍事作戦の後の復活祭の説教[5]で次のように述べている。

主が今日私たちに送ってくださったのは、重苦しい試みでした。今日私たちの苦しみ多い大地にまたしても血が流れ、涙が流れています。しかし、本当のところ、このことについて救い主はご自分の弟子たちに語らなかったでしょうか。

彼のいう、「またしても血が流れ、涙が流れて」いる現状がロシアの軍事作戦の結果であることは、言うまでもない。だが、アレクシィは、話をそのように進めない。ウクライナに今ある流血と流涙を神の「試み」とみなし、聖書の次の言葉を引用する。

私が地上に平和をもたらすために来たと思うな。平和ではなく、私が来たのは、剣をもたらすためなのだ（『マタイによる福音書』10章34節）。

これは彼らの「救い主」の言葉である。アレクシィはこれに自分の言葉をこう続けている。

ハリストスにおける一致のないところには、"考えの一致、兄弟愛、敬意"もありえません。それは父親と子どもたちの間であってもです。

アレクシィの言葉は、一般論としては彼のキリスト教徒としての信念を述べたものとして理解できる。だが、現在のキーウでは、ナショナリズムによって分断された、祖国の教会への批判として響くであろう。

上述の通り、在外ロシア正教会は、現在、モスクワ総主教教会と和解したグループと和解を拒否したグループに分かれている。だが、どちらも政治に対する態度を共有している。そして、それは、以下に見る通り、現総主教とも共有している。

現在のモスクワおよび全ルーシの総主教キリルは、今回の軍事作戦について現政府を批判していない。このことについては、すでに欧米および日本のマスメディアが取り上げているが、そのおおよそは不満を表明しており、一部の研究者もまた総主教が語る言葉の内的論理を理解しようとしていないように思われる。そして、総主教個人の次の経歴を紹介する形で理解しようとする人もいる。すなわち、彼は、ソ連時代にソ連共産党のエージェントであり、この経歴ゆえに、政府を批判しない彼の態度は、理解できるというのである。

この解釈は新しい話ではない。1988年にソ連の閣僚がロシア正教会の会議に列席した時に、のちのモスクワ総主教と同席していたのは、当時のキエフ府主教（のちに総主教位を主張するようになる）だったからである。ゆえに、ソ連解体後まだ30年のロシア正教会を

支える主教らがかつての親ソ派であったとしても何ら不思議なことではなく、むしろ、ソ連解体からまだ30年しか経っていないのに、このことが話題になる方が驚きである。

そもそも、時の権力者が宗教指導者の言葉に従って政策を変更することを、本当に欧米や日本の政治家は望んでいるのだろうか。選挙で選ばれた近代国家の行政府の長が、時の判断を宗教指導者の言葉に委ねているとしたら、それはもはや近代国家の体をなしていない。

かつて数百年間、キリスト教徒同士で戦争と虐殺、弾圧と迫害を繰り返した西欧人は、その反省から近代化の道を進んだが、21世紀に生きるその子孫らは、その道を忘れてしまったかのように狂奔していると言わざるを得ない。それほどの衝撃をロシアの軍事作戦は与えたのであろう。あるいは、近代化の道を進む中でさえ、アジア、アフリカ、南北アメリカ、太平洋の島々と大陸への侵攻、侵略、略奪、弾圧を繰り返した自分たちの祖先の姿を今に見ているのだろうか。

いま取り上げるべきは、次の事実であろう。すなわち、今からちょうど100年前の1923年のこと、時の総主教が「ワシリィ・ベラヴィン」の俗名で新聞の1面に、次の1節を含む反省文を掲載されたのである。

私は、君主主義社会で育ち、逮捕されるその時まで反ソ的人物らの影響下にあったため、実際にソヴィエト政府に敵対的な感情を抱いていた[6]。

これは、とても理解できる自己批判の言葉だろう。同時に、教会最上位の「師父」の権威を踏み躙るうえで最高の言葉でもあろう。革命のさなかにロシア正教会は、彼を総主教に選出したが、その際に『新約聖書』の故事にしたがい、次の手順を踏んだ。すなわち、

キリストの使徒たちは、イスカリオテのユダの後任を選出するに際し、神の選びを求めて祈り、籤を引いたのである（『使徒言行録』1章23-26節）。こうして"人に選ばれた者"かつ"神に選ばれた者"となった「総主教」はその後、ボリシェヴィキ政府の政策に繰り返し反対したのであるが、上の言葉によれば、その行動は、聖書や師父の教えへの忠実さによるものではなく、教会の決まりの順守でもなく、神への信仰でもなく、ただ周囲の人々や社会の影響だったというのである。

この総主教が命を落としたのは、その2年後の1925年、さらに彼の代理代行が、「教会に配慮してくださるソヴィエト政府」に忠誠を誓うよう、聖職者全員に通達を出したのは、さらにその2年後の1927年のことであった。そして、この総主教代理代行は、忠誠を誓ったにもかかわらず、イギリスでカンタベリー大主教と共にソ連政府の経済政策（政治政策ではない）を批判する祈祷文を読んだ西欧の移民教会の代表を1930年に罷免している。

在外ロシア正教会との関連で言えば、故総主教は、逮捕後に、"教会は非政治的でなければならない"との指導を繰り返していた。そして、これを破り、ソヴィエト政府を非難した亡命主教らを教会裁判にかける提案まで行なっている。

以上の歴史に顧みるなら、現総主教は、ソ連時代を通じて保持された対政府路線（忠実）を故総主教の路線（非政治・中立）に戻していることが分かる。

政府を批判しない代わりに、特別軍事作戦が発動された2月24日に現総主教は全信者へのメッセージを発し、その中で、「すべての紛争当事者に対し、民間人の犠牲を避けるために可能なあらゆることをなす」こと、「主教と司祭、修道士、一般信徒に対し、避難民、家や生活手段を失った人々を含む、すべての被害者にできうる限りの援助を行う」こと、

「ロシア正教会全体に対し、平和が速やかに取り戻されるよう多大で熱心な祈りを奉げる」ことを呼びかけ、そのメッセージを、「願わくば憐れみに満ちた主が、聖き乙女にして私たちの生神女および全聖人の執り成しにより、私たちの教会が霊的に結び付けているロシア人とウクライナ人、その他の民を守ってくださいますように！」との祈りで締めくくっている。また、その年の復活祭で現総主教が兵士らを含む自らの信者に説いたのは、「目を覚ましていなさい」という、彼らの救い主の教えである。そして彼は、あらゆる手段を用いて、「兄弟殺し」の「流血騒ぎ」を止める努力をするように、呼びかけている。

このように、政府批判をしないことは、革命当時の迫害を経験したロシア正教会指導部の基本姿勢であり、このことは、次に見る通り、在外ロシア正教会指導部も同じである。

4. 在外ロシア正教会の高位聖職者らの声明：特別軍事作戦を受けて

2022年2月24日、ロシアの特別軍事作戦の発動を受けて、在外ロシア正教会首座主教にして東アメリカおよびニューヨークの府主教イラリオンは、東アメリカおよびオーストラリア・ニュージーランドの司祭と信徒への回状[7]を発した。その中で彼が、「ウクライナの国での出来事に関連して」、まず、「すべての人に心からのお願い」としたのは、次のことである。

テレビ、新聞、インターネットの過度の視聴を控え、マスメディアによって煽られた情熱に対して自分の心の扉を閉ざし、熱い祈りを深めましょう。

彼は、メディアから離れて祈りを深めることを呼び掛けている。この呼びかけには、翌日、70名近い移民正教徒から、"メディア報道を批判するのではなく、もっとはっきりと侵略行為を非難すべき"との公開状[8]が出されている。だが、同日やはり、シカゴおよびアメリカ中部の大主教ペトルは、「ウクライナでの出来事に関する」声明[9]を発し、その冒頭で次のように述べている。

大事なことは、私たちがつまらない政治に陥ることではなく、最も崇高で最も敬虔な道、すなわち平和のための祈りの道を選ぶということです。

ペトルは、イラリオンより明確に、"教会の人々が政治に熱心になるのではなく祈りを選ぶことが大事"と述べている。メディアからも政治からも距離を置き、祈るべきだ——こう聞くと、彼らは非現実的な逃避行動を勧めているように、かつて「阿片」と煙たがられた宗教の再来を思わせるかもしれない。

だが、祈りとは何か。実に、同じキリスト教でも、正教と旧教で共有され、新教で忘れられている種類の祈りがある。それは、生神女マリアをはじめとする諸聖人に執り成しを求める諸々の祈りである。そこでペトルは、次のように言う。

私たちには、数えきれないほど多くの執り成し手が天にいますが、この内戦においては[10]ヴラヂミル大公ほどの人物は他にいません。

聖人に執り成しを求める祈りは、歴史に目を向けることと不可分である。かつて某国の元首相は、「過去に目を閉ざす者は、結局のところ現在にも盲目になります」と述べたが、その説くところは正教会の教えとも重なる。ペトルが今回取り上げたのは、10世紀に正教のキリスト教を導入したことでのちに亜使徒として聖人に列せられることになるキエフ

大公ヴラヂミルであった。

そして、次のように続けている。

　彼の地のために、この危機が早く過ぎ去
るために、平和を求める聖体礼儀の一つ
一つで奉げられる教会の祈りがこの紛争
の中にある軍人たちの耳にも届くよう
に、彼の執り成しを求めましょう。

　祈りは、周りの人に聞かれるものである。
紛争地にいるロシア兵もウクライナ兵も、正
教徒であるならば、教会から漏れ聞こえる祈
りの声の意味が分かるであろうし、それを無
碍にすることもないだろうと若い兵士たちへ
の期待をほのめかしている。ナザレのイエス
は、めいめいが「奥まった自分の部屋で」祈
ることを教えたが（『マタイによる福音書』6章6
節）、シカゴのペトルは、平和を求める祈りは、
皆が各地の聖堂に集まって声を揃えて行なう
ことを勧めているのである。
　一方、ベルリン及びドイツ府主教マルク、
ロンドン及び西欧主教イリニィ、ヴヴェイ主
教アレクサンドル、シュトゥットガルト主教
ヨブが連名で発した声明[11]では、「ウクライナ
東部での出来事」を「軍事的な衝突」と言い
換え、それが、「罪なき人々、誰よりも子ど
もたちと高齢者たちを重苦しい災難へと追い
やります」と批判している。ただ、この言い
方からは、一方的な「侵略」や「侵攻」のニュ
アンスが感じられない。実際、彼らは直後に、
「それに先行するのは分裂、一方的な態度、
そして敵意です」と続けている。彼らも明言
しないが、ロシア人とウクライナ人の間、あ
るいはウクライナ人同士の間で、分裂、一方
的な態度、敵意が先にあったことを示唆して
いる。
　だから、これに対応する形で次のように述
べ、自分たちの立場を説明している。

　私たちの教会は、自らの祈りと礼拝にお
いて長年、ロシア人とウクライナ人、ベ
ラルーシ人、多くのその他の民の代表者
を結び付け、彼らの間で自らの礼拝を全
世界で、国境や政治体制に関係なく、行っ
ています。

　彼らにとって、教会とは祈りと礼拝におい
て人々を結び付ける場所であり組織であっ
て、国や政治体制とかかわりをもって人々を
敵意と分断へと導く場所や組織ではない——
このことを断っている。
　このように自分たちの立場を明らかにした
うえで彼らがその立場から見ているのは、次
のことである。

　私たちは、キエフ・ルーシとその後のウ
クライナの偉大な霊的な寄与を世界中に
あるハリストスの正教会に見て、感謝し
ています。

　彼らは、キエフ・ルーシとウクライナを1
つのものとして見ているという。が、その後、
その「寄与」は、亜使徒聖ヴラヂミルから続き、
1918年にキエフで殉教した府主教聖ヴラヂ
ミル、そして、その後任となった府主教アン
トニィへと続く「道」だと説明している。キ
エフで殉教した聖ヴラヂミルは、モスクワ府
主教の後にペテルブルグ府主教となり、そし
てキエフ府主教として教会を取りまとめる
中、処刑された。そして、その後任に選ばれ
たアントニィは、ノヴゴロド州で生まれ、ヴォ
ルィニとハリコフで長年働き、そして、ロシ
ア革命のさなか、ハリコフ主教区が自らの主
教に選出した人物である。このアントニィが、
在外ロシア正教会の初代首座になるのであ
る。
　このように、ロシア正教会の歴史を通して
キーウ／キエフの街に目を向けるとき、この

街は、ノヴゴロド、ペテルブルグ、モスクワの街と不可分であり、いずれの街もルーシを語るうえで不可欠な街としてイメージされる。このイメージが、たとえ西側諸国の人々および遠い外国の私たちと縁遠いものであったとしても、実際にその中で今の世界を見つめている彼らからすると、上の話に続けて次のように断言することも不思議ではない。

　西側の情報源が描いているような出来事のきわめて一方的な図に同意することは不可能です。

だから、さらに次のように述べることもできる。

　私たちは、裁判官の役目を引き受けるのではなく、教会の謙虚な奉仕者としての召命を全うし、"ウクライナ人たちの地"《в земли Украинстей》における人の魂の平穏、すなわち、"心が和らぐこと"を心から祈ります。同時に、現在、ウクライナもロシアもベラルーシも含むヨーロッパの人々の運命にいま直接責任を負うすべての人々が賢くなることを祈ります。

ここには、ウクライナとロシアだけでなく、ヨーロッパの「運命にいま直接責任を負う人々」、すなわち、欧州共同体の指導者たちをはじめ、まるで裁判官の役目を任されたかのように誰かを一方的に断罪する人々への批判が示唆されている。これらの人々が「賢く」なれば、ウクライナで暮らす人々の「心が和らぐ」というのである。
だから、彼らはさらに、次のように語っている。

　私たちは、皆に呼びかけています。権力をもつ人々にも、普通の市民にも、来る

べき大齋を覚えているようにと。

なぜ大齋なのか。何よりも教会の暦で大齋が迫っているからであるが、大齋は、過ぎ越しの祭の前に、祈りを中心とした生活に専念し、来るべき祭に向けて準備をする時期だからである。だから、ニューヨーク、シカゴ、ベルリン、ロンドン、ヴヴェイ、シュトゥットガルトと場所は異なれど、在外ロシア正教会の主教らは、声をそろえて、祈りを覚え、これに心から参加しなさいと同じことを呼び掛けている。ただし、西欧の主教らはそのために必要なことについて、さらに次のように述べている。

　慎みが必要です。食べることや飲むことだけでなく、何よりも罪深い考えや情熱を慎む必要があるのです。

これを抽象化して言うならば、この世の欲を慎むということであろう。それは、「神に誠実に向き合うこと」でもある。そして、彼らにとってそれは、「世界を兄弟殺しから救い出し、いま生じている問題のすべてを平和に解決するための道を開く」唯一の道でもある。
宗教家の語る、この種の「道」は、現在の米国が象徴する現代の世俗社会の規範から大きくズレている。もちろん、それは今に始まったことではない。
在外ロシア正教会の西欧の主教たちは、次のように語って、その声明を終えている。

　私たちは、大公、聖アレクサンドル・ネフスキィの、"神は力のうちにではなく、真実のうちにおられるのだ！"という言葉を思い出しつつ、すべての信者に対し、"全世界の平和のため"の祈り、苦しむ人々のための祈り、人の魂の回心と救済

のための祈りを強めるよう呼びかけてい
ます。
主が私たち全員を照らし、憐れんでくだ
さいますように！

ここには、「力」を振るう人々、すなわち、
軍事行動を起こした人々とそれに軍事的に立
ち向かう人々、双方への批判が示唆されてい
る。すでに、「きわめて一方的な図」を描きだ
そうとする「西側」の情報源に対する警戒心
を露わにしていることから、彼らはメディア
に対しても、「真実」を伝えているかどうか、
警戒心をもって接していることが推定され
る。

5. おわりに

宗教家は政治家ではない。実業家でもない。
彼らには彼らの務めがある。それは、政治や
経済によって分断されてしまった人々を繋ぎ
直すことである。在外ロシア正教会について
言えば、その設立総会となった場で、議長で
ありのちにその首座主教となるアントニィ
が、人々を死と恐怖にさらす政府に対して是
非を述べることは、「道徳の問題、倫理の問題、
すなわち、純粋に教会の問題」だと述べてい
る。彼は人の営みに関する問題をすべて倫理
の視点から解釈する神学（倫理的一元論）を構
築していた。ゆえに、教会は倫理の視点から
人々を繋ぎ直すことが務めであると、その時
は考えていたのだろう。そして、おそらく、
現総主教を批判する人々は、この時のアント
ニィに近い立場にいるのだろう。

2007年にモスクワ総主教教会との和解を
実現したラヴル府主教は、1990年代後半、
まだ大主教だった時代、研究のために彼の修
道院に滞在した筆者に対し、"赦し合うこと
が大事"と述べていた。

人の罪は繰り返す。聖書を読んだことのな
い人でも、このことは真実だと思うだろう。

ラヴル府主教 (https://
commons.wikimedia.org/
wiki/File:Metropolitan_
Laurus.jpg)

キリスト教にいう「救い主」であるナザレの
イエスは、それは「世の終わり」まで続くと
語った。だから、在外ロシア正教会の主教ら
が勧める「平和を求める祈り」は、歴史に生
きた諸聖人を通して過去に目を向けること、
いま自分の声を耳にする人々のことを思う中
で自らの心の内を見つめ直すことと不可分で
ある。そこには、「保守対革新」または「伝統
主義対自由主義」のような単純な二項対立で
は捉えきれない人の営みの姿がある。

ウクライナにおけるロシアの軍事行動を受
けて、在外ロシア正教会の主教らは、政治と
距離を置くことを信者らに勧めている。それ
は、政治とは何か、宗教とは何か、経済とは
何か、という人の営みの総体である文明の今
のあり方に対する問いかけである。このよう
に、今から2000年前の地中海世界で生まれ、
地中海世界東部を経て継承されたキリスト教
を奉ずる人々は、今も繰り返し2000年前と
同じ戒めを人々に思い起こさせている。

主要参考文献

近藤喜重郎2010.『在外ロシア正教会の成立——
　　移民の教会から亡命教会へ』成文社
近藤喜重郎2021.「東方キリスト教の超域的な人
　　の繋がり：アントニイ・フラポヴィツキィと
　　在外ロシア正教会の事例から」『聖職者と女性
　　の歴史学』愛知大学人文社会学研究所
塩川伸明・池田嘉郎2022.「戦争とアイデンティ
　　ティの問題——ロシア史・ソ連史のパースペ
　　クティヴ」『現代思想　6月臨時増刊号』第50
　　巻第6号
高橋沙奈美2023.『迷えるウクライナ——宗教を

めぐるロシアとのもう１つの戦い』扶桑社

中田考2022.『宗教地政学から読み解くロシア原論』イーストプレス

廣岡正久2020.『ロシア正教の千年』講談社

三浦清美2022.『ロシアの思考回路——その精神史から見つめたウクライナ侵攻の深層』扶桑社

注

1　ロシア語でРусская Православная Церковь Заграницей、略称はРПЦЗ。

2　ロシア語でРусская Православная Церковь Заграницей Малороссійская Епархія。

3　https://risu.ua/ru/episkop-malorossijskij-stroit-pod-kievom-ogromnyj-monastyr-rpc-za-granicej_n112740。閲覧日2023年9月4日。以下同。

4　http://rocor-kiev.org/news.html

5　http://rocor-kiev.org/the-news/epnews/621-pashalnoe-poslanie-preosv-aleksija-episkopa-soltanovskago-i-malorossijskago-2022-g.html

6　http://www.nsad.ru/articles/predel-kompromissa-kak-bylo-polucheno-zayavlenie-o-loyalnosti-patriarha-tihona-sovetskoj-vlasti

7　http://www.russianorthodoxchurch.ws/synod/2022/20220224_print_mhstatementukraine.html

8　https://orthodoxyindialogue.com/2022/02/25/open-letter-to-the-hierarchs-clergy-monastics-and-faithful-of-the-russian-orthodox-church-outside-of-russia/#comments

9　http://www.russianorthodoxchurch.ws/synod/2022/20220224_archbppeterstatementukraine.html

10　ここで彼はさらっと「この内戦でв этой междоусобной брани」という言い方をしている。つまり、ヴラヂミルの国の中での争いごとという認識なのであろう。実際、彼が勧めているヴラヂミルへの祈祷文の中では、「内戦から我らを救い出すようにизбавит нас от междоусобныя брани」との言い回しがある。

11　http://mospat.ru/ru/news/89024/

（こんどう　きじゅうろう　東海大学／東方キリスト教史）

在外ロシア正教会年表	
1921年	在外教会公会、在外教会を組織、革命を非難する声明を発表
1922年	モスクワ総主教、在外教会を批判；在外教会管理局の再編
1923年	モスクワ総主教、「反省文」公表、釈放される
1924年	北米の移民教会の一部、独立を宣言
1925年	モスクワ総主教チーホン永眠
1927年	セルギィの「忠誠宣言」；西欧の移民教会の代表、ソヴィエト政府への忠誠を宣言；北米移民教会の代表、北米府主教区の独立を宣言
1930年	セルギィ、北米の独立派と西欧の移民教会の代表を罷免
1935年	北米の独立派との和解
1936年	在外教会首座アントニィ永眠
1937年	全米教会公会、在外教会の一部であることを宣言
1938年	第2回在外教会公会、北米における和解と西欧における分裂を確認
1945年	総主教アレクシィ、分派への悔い改めの呼びかけ；在外教会、ドイツ占領下を生き延びたウクライナ独立正教会とベラルーシ自治教会の主教らと合流
1946年	全米教会公会、多数決により在外シノドを否認
1950年	在外シノド、米国へ
1970年	北米府主教区、モスクワと和解、アメリカ正教会に；在外教会、総主教教会ではなく、「カタコンベ教会」との交流を決議
1974年	第3回在外公会、在外ロシアの複雑な環境下でのロシア教会の慣習について論議
1990年	ソ連領内の教会の一部、在外シノドへの転籍を表明
2000年	在外教会、移民の間で総主教教会との相違に関する問題意識のあることを確認
2003年	在外教会首座ラヴル、ロシア大統領と面会
2006年	第4回在外教会公会、モスクワとの和解を承認
2007年	在外教会首座ラヴル、総主教アレクシィ2世と和解

不幸と自由、幸福と不自由—漫画『サバキスタン』

鈴木 佑也

現代に生きる我々にとって「独裁」という言葉は歴史を扱う書物で目にする程度のものに過ぎなかった。だが、ロシアとウクライナを巡る昨今の国際情勢におけるメディア報道で度々耳にするようになった。現在のロシアでは独裁政治体制が敷かれてはいないものの、少なからず独裁の雰囲気に飲み込まれていると感じている人はいるであろう。漫画『サバキスタン』はそうした状況において、まさに満を辞して出版されたと言ってよい作品だ。本記事ではこの作品の翻訳者が作品の簡単な解説とそこから得た感想をごく個人的に記していく。

作品全体の解説

脚本をヴィタリー・テルレツキー、作画をカーチャが担当した『サバキスタン』（全3巻）はweb系コミック（電子書籍）としてロシア本国で2019年から2021年に自費出版された。

電子書籍版コミックとしてはロシアで異例の1万部近くを売り上げた話題作である。今回の日本語版は、外国語訳としてさらに書籍として初めて出版されることとなったいわば記念碑的漫画である。ロシア語の「サバーカ（「犬」：собака」を名前の由来としている通り、犬のキャラクターが主人公で、あたかも現実世界が彼らを中心とした擬人化された動物によって形成されている。この点は特定の人物や地域と重ねられることを避ける狙いもあるのだろう。しかし、ロシアの歴史をある程度知っている人間であれば、なおさら20世紀のロシアと重ね合わせてこの作品を読んでしまう。ところが、読み進めていくと、登場人物であるキャラクターの愛くるしさ、不条理な世界観、比較対象とするロシアの状況とはおおよそ異なるような事情が目につき、ストーリー自体に没頭するはずである。全体構成として、ある国に住む一人の主人公の視点で物語が展開するのではなく、何人かの中心的な人物の視点から物語は進む。それぞれの巻では時代が固定されているものの時系列でエピソードは配置されず、読むに従ってストーリー全体を把握できるというものになってはいない。むしろエピソードを前後して何度か読み進めて初めてストーリー全体が理解

『サバキスタン』（第1巻）

（第2巻）

（第3巻）

できるという構成だ。また、エピソードごとの中心人物の視点を交えて別のエピソードを読み進めると、舞台となっているサバキスタンという国家の実情の一部が垣間見えてくるといったかたちで多面的に楽しめる工夫もなされている。単純にストーリーを理解するだけでなく、独裁体制下とその後のサバキスタンという国で暮らす人々の心理や考え方、振る舞いなど日本の読者にはあまりピンとこないような部分も描かれている。そのため、読者の背景とする地域や文化、歴史によって「面白い」あるいは「興味深い」と感じる箇所が異なると考えられる。他言語での翻訳も待たれるところではあるが、もし他言語で翻訳され、それぞれの地域や言語圏でこの作品に対する評価や感想を集計した場合、関心の対象はバラバラになるであろう。そうした意味においても『サバキスタン』はストーリーのみならず、我々読者が抱く関心の多面性を浮き彫りにしてくれるような作品なのである。

「アンチ独裁」

　日本語版第一巻の帯文にはこのようなフレーズが付けられている。そのフレーズの通り、この巻では独裁体制下でのサバキスタンが描写されている。政治学者猪木正道によれば、20世紀の独裁者であるスターリンとヒトラーを比較検討した結果、独裁の土台となるのは1.指導者の正当化、2.公敵との闘争、3.イデオロギーなどによる法則の支配、4.強制力を伴った法則の執行の4つの要素であるという（『独裁の政治思想』42-69頁）。この4要素を1巻ではサバキスタンの民衆の生活を通じて読者は知ることとなるのだが、その出だしが国の最高指導者である「同志相棒」の生前葬儀リハーサルといったイベントから始まるのである（図1）。

　このイベントに関連する人物を中心にエピソードが構成されている。従順な一般民衆、

図1

サバキスタンのイデオロギーに染まっていない他国のジャーナリスト、政府を陰から支える立場でありながらも指導者の同志相棒に心の中で嫌疑を抱き続ける公安警察長官、サバキスタン国内の少数民族の子供、果ては独裁者本人と多層的な視点が導入されている。彼らの視点を通して、サバキスタンを観察してみると同志相棒の威光が浸透している箇所とそうでない箇所が随所で見受けられる。そのことをはっきりと読者に示すのは、公安警察長官が主役となっているエピソードである。一般国民の生活を犠牲にして生前葬儀リハーサルという莫大な費用のかかるイベントを実行しようとする政府、無報酬で働かされる国民、臨機応変に対応する能力がない部下たち、一般国民とは乖離した感覚の指導者。そのためサバキスタンがカリスマ性を持つ指導者によって導かれる独裁国家（あるいは全体主義国家）で、強固な形で統治されているのかもしれないが、所々に綻びがあり、それを上層部の一部が必死に取り繕っていることがわかるであろう。この公安警察長官と同じようにサバキスタンを統治する側の視点として、同志相棒のエピソードが巻の最後に配置されているのは興味深い。さらに長官と同じくサバキスタンそのものに対する嫌疑はないものの、その国家を運営する組織やそこに従事する

人々に対する猜疑心、翻ってそうした組織を束ねる自分一人のみが信頼できると思い込む姿が描かれている。上で挙げた猪木による独裁の土台、ハナ・アーレントによる『全体主義の起源』の源泉はともにヒトラーが統治するナチスドイツとスターリンが主導した1930年代半ばから1950年代初頭のソ連であるが、両指導者共に猜疑心が強い、別の言い方をすれば、極度に注意深い。そうした特徴が同志相棒に投影されているばかりか、その側近に当たる人物（作中ではサバーカになるが）もやはり実在の人物（ナチスドイツであればゲッベルス、スターリン時代のソ連ではゲンリフ・ヤーゴダ、ニコライ・エジョフ、ラヴレンチー・ベリヤ）が投影されていると読者に思わせる。

　一方で統治する側とは別の観点で一般国民の視点から描かれたエピソード、少数民族の子供の視点から描かれたエピソードが対比を成している。この二つのエピソードの中に独裁体制下、あるいは全体主義体制下の「平凡な」あるいは「何の変哲もない」生活を読者は目にする。随所で見られる儀式的な挨拶や振る舞いを除けば、そうした「平凡」かつ「何の変哲もない」生活が現代に生きる我々と大して変わりないと理解するのではないか。そのため、独裁体制や全体主義体制というイメージとかけ離れたものとしてどこか違和感のようなものを読者は感じるかもしれない。そうしたイメージとの落差を埋め、より我々読者が感じているような視点、そして統治者と一般国民といった対比関係に含まれることのない視点として外国人ジャーナリストのエピソードが配置されているのは見事である。閉ざされていたサバキスタンを実際に「自らの目」でジャーナリストは知ることになるのだが、彼が接することのできるサバキスタンは指導者や公安警察長官、一般国民が見ている風景とは大分異なる。きちんと整備されたスタジアムやレストラン、国家の巨大なモニュメント、立派な文化施設と政庁。まさに我々が想像する独裁国家をこのジャーナリストは目の当たりにするのだが、やはり完璧と思われている独裁国家の綻びが彼の視線に断片的なかたちで入ってくる。一枚岩と考えられていた独裁国家サバキスタンが、実際のところ国が掲げる「サバーカの楽園」となっていないことを知る。

　このような多面的な視点は、最終的に独裁者に対するある行為へと収束していくのだが、ここで初めて読者はサバキスタンが独裁国家あるいは全体主義国家であることを強く感じるであろう。「自由の中の不幸と不自由の中の幸福」という選択を同志相棒が主人公たちに迫る場面は、ある種「究極の選択」とも言える。だが、こうした極端な選択肢しか用意されていない状況、それ以外の選択肢がないかのようなロジックこそが独裁体制における人々の心理状況なのではなかろうか。

「真実は両極の中間」

　2巻では、1巻の時代から年月を経て、強力な指導者がいない社会となったサバキスタンが描かれている。1巻で見られたようなエピソードごとの多層的な視点は導入されず一貫して二人の小学生が主人公となって物語が構成されている。あることがきっかけとなり同志相棒の存在を知り、その実態を探っていくことが2巻のテーマとなっている。モチーフになっているのはおそらくソ連崩壊直後の1990年代初頭のロシアであろう。さらに、2巻では1巻では知ることができなかった同志相棒に関する情報が散りばめられている。

　まず2巻で目につくのは、かつての独裁体制下のような独特な雰囲気はなく、その当時の状況に関する記憶はことごとく否定されているということだ。1巻で登場したモニュメントの一部であった街の中心に位置する広場に立つ二匹の馬の銅像、同志相棒の顔に大き

くバツ印が描かれた昔のノート、その当時の
ことを口にするとはぐらかされた回答が返っ
てくる状況、かつての時代の記念写真を他人
には見られないように机の引き出しにしまっ
ておく年配の担任教師。過去のことが否定さ
れているということが読者には読み取れるで
あろうが、その理由は特に明示されていない。
しかし1巻の時代との隔たりがあり、それを
埋める説明がない中でも、サバキスタンが大
きく変化したと理解できる部分がいくつかあ
る。同志相棒の生前葬儀リハーサルに合わせ
て始まった国外との交流、国内でも肩身が狭
かった少数民族がマジョリティーとマイノリ
ティーの障壁なく生活している点だ。また、
主人公の一人もサバキスタンでは耳にしない
ような名前が付けられているのも社会情勢が
大きく変わっていることを示している。そう
した状況の中で主人公の二人は同志相棒の謎
を探っていくわけだが、そのプロセスも興味
深い。例えば、断片的な情報から関連する場
所に赴いたり、そのことについて知っている
人物に聞き込みを行ったり、研究者のように
アーカイブを利用したりといった正攻法から
（図2）、アーカイブに不法侵入して資料を得
ようと試みたり、かつてのサバキスタンを記
した書籍を拝借したりといった半ば犯罪行為
がドタバタした展開で描かれていて飽きがこ
ない。

　結果的には、さまざまな偶然が重なって主
人公達は同志相棒本人と対面にまで至る。そ
の後、彼らが知りたがっていた同志相棒を含
めたかつてのサバキスタンに関する資料を手
にするのだが、困惑することになる。それは、
手に入れた2つの資料ではかつてのサバキス
タンが全く異なった形で記述されているから
である。どちらが正しいのかと迷う主人公に、
もう一人の主人公は「その二つの中間におそ
らく真実がある」と伝えている。このセリフ
は現代に生きる我々に対する警告のようにも

図2

思える。今日では一つの事柄について、さま
ざまなツールを用いれば、似たり寄ったりと
いう場合もあるが、多くの情報を得ることが
でき、ある程度多面的に分析することが可能
ではある。さらにその情報源を見極めること
によりその情報の信頼性を判断することも、
情報そのものを精査する上では求められる。
この物語作中ではそうした情報源が限られて
おり、彼ら主人公は自らの手で情報を得るこ
とができず、その調査対象である同志相棒本
人から資料を提供されている（実際は「拝借」
している）。そうしたまったく異なる観点で
記された書籍の存在を理解した上で、一人の
主人公は「何が正しくて、正しくないのか…
誰も決める権利はない」と発言する。この発
言を基にすれば、上記した2つの資料はどち
らも正しいとは言えず、どちらも正しくない
と言える。これはいくつもの情報が重なり合
う部分が事実ということで、そこに正しい／
誤りという判断の余地はないということだ。
この意味において「真実は…その中間にある」
のである。これはサバキスタンの姿において

も当てはまるから、それこそ無数の情報に共通する部分こそがサバキスタンの真の姿である。だが、そうした無数の情報のうち得られる情報には限りがある。1巻の複数の視点と2巻で記述される情報の「中間」が、主人公達の求めていた同志相棒を中心としたサバキスタンの真の姿なのであろう。

　この二人の主人公が情報を得て満足してこの2巻が終わることはない。その情報を発信しようとして登場するのがインターネットである。現代からすれば当然と思ってしまうが、2巻の背景は1990年代頃のロシアということを述べた。この頃はおそらく今の我々が享受しているような通信環境ではないはずであるから、インターネット上で意見を発信して「皆で情報を共有する」という発想はいかにも今日的な観点から生み出されたように思えるかもしれない。この記事の著者の個人的な経験ではあるが、ロシアでは2000年代後期から2010年代前半に最新あるいはかつての文芸作品や何かしらの資料が無料で公開されており、日本より著作権に関して緩いと感じたことがある。もちろん現在では整備が進んでおり、国際的な規約に参加しているだろうからロシアでも以前より著作権に関して厳しくなったのは間違いない。そうした「共有文化」がある種の伝統であるならば、「意見を発信して、皆で情報を共有する」という考えは、今日的な観点もあるだろうが、やはり作者のバックグラウンドであるロシア的なものが反映されているのかもしれない。

「正しい」ことは勝利するのか？

　3巻ではさらに2巻の後の時代が舞台となり、おそらく2010年代のロシアが背景となっている。そしてここでは2巻の主人公の一人が歳をとって再び主人公となっている。ここでも2巻と同様に主人公一人の観点でエピソードが進んでいくが、時系列が1巻と同様にバラバラで配置されている。さらに2巻では登場しなかったが、3巻途中で同志相棒と深い繋がりを持つサバーカが登場し、漠然としていたかつてのサバキスタンが読者にやや明確な形で提示されるが、それは巻末においてである。1巻と2巻は多面的な視点と単一的な視点というような違いはあったが、舞台となっているサバキスタンの首都におけるさまざまな場所や状況が描かれていた。しかし、3巻では主な舞台となるのはサバキスタンの首都にある法廷で、状況は裁判をめぐる事象に限定されている。そのため、法律関係の知識がないと楽しめないのかというとそうでもない。法廷で繰り広げられる検事と弁護士の突飛な応酬、テーマとなっている審理対象に関する法定外での出来事、それらを通じてサバキスタンの最新の状況が明かされる。

　この巻での主人公は弁護士であり、ある被告人を弁護するという形で物語が進行する。最初のエピソードでは法廷での審理からスタートし、原告と被告がある事件をめぐってやり合うという状況を読者は目にすることになる。だが、読み進めていくうちに公平な判断を下すべき裁判官が被告側には厳しい態度で接する一方で、原告側の荒唐無稽な論理を擁護する態度を取っている点に気づくはずだ。その理由として考えられるのが、サバキスタンの歴史に関する記念碑、いわゆる国家モニュメントに対する侮辱が審理対象となっている点である。この点のみを取り上げて国家主義的であるかと問われた場合判断は難しいが、時代背景となっている2010年代のロシアの状況を考慮すると、一個人よりも多くの個人から形成される国家あるいは公共が優先されているというのは多少腑に落ちる。注意しなければならないのは現職の指導者ではなく、その国家の礎であったり根幹に関わるものに対する「侮辱」が対象となっていることだ。2巻における同志相棒は、当時の社会

状況ではどことなくやましい対象として否定される立場にあったが、3巻ではこの国の基盤を創り上げた歴史的重要人物となっている。法廷外の風景や人々の服装、所持品等から、3巻は現代の我々とあまり変わらない状況だ。だが、1巻でのサバキスタンのように同志相棒を崇拝とまではいかないものの、彼に対する批判を許さない状況が出来上がっている。さらに物語が進むにつれて、この同志相棒が宗教上の聖人に列せられ、なおさら批判ができにくい状況が生じることとなり、被告側は不利な状況に立たされる。そうした中で主人公の弁護士は、被告人のサバーカが同志相棒の実の娘であることを告げ、彼女の口から審理対象となっている行為に至った経緯を語らせ（図3）陪審員に判断を委ねるところで話は完結する。

この3巻での見どころは多くあるが、ここでは一つの事柄のみを挙げておこう。それは、3巻の主題ともなる審理においてきちんとした手続きや法の原則から逸脱するような論理で原告側に有利な立場にあったのを、被告側

図3

の弁護士がかつてのサバキスタンのような雰囲気を逆手にとって最終的に原告側の虚を衝く点だ。この作品自体がフィクションであると認識している読者にとって勧善懲悪的な展開であるが、現代のロシアが背景になっていることを考えればそのような展開はまずないであろう。つまり作者の希望のようなものがそこには投影されている。またこうした国家に対する侮辱罪で原告有利となる審理にも、ロシアによるウクライナ侵攻以前の2010年代のロシアでの出来事や国内での雰囲気が投影されており、そうしたこと対する作者の考えが透けて見えてくるのではなかろうか。また先日行われた作者とのトークイベントで、作者自身は2014年ごろからの軍に対する批判を封殺する雰囲気やかつての歴史（特にスターリン時代）に対する肯定的な見方が反映されているとも述べていた。その後ウクライナ侵攻があったわけだが、我々が目にすることができるSNSなどでは国内から政権批判するようなメディアは認められない。そうしたことを考慮すると、現実をある程度基づいているとはいえ、架空の話が不気味にも現実に近づいてきているのではないか。

巻末の最後で被告弁護人の主人公が述べる「いずれにせよ勝つ」という言葉は、サバキスタンの現状をうまく利用し、かつフィクションではあるが法律上正しいことを主張したことから導かれたものである。その姿に読者は、独裁色を帯びた今日のロシアの状況を打ち破る人物の登場に期待を寄せるロシア国民がいることを認めないわけにはいかない。それが作者自身なのかあるいは多くの国民の雰囲気なのか、今後のロシアの状況と照らし合わせて再びこの作品を読むと新たな気づきがあるのかもしれない。

（すずき　ゆうや　新潟国際情報大学国際学部／美術史・建築史）

ラジーシチェフを伝える
1836　プーシキンの闘い

岡林　茉萸

鳴りものいりの権利が　何だ
ありがたさに目がくらむ奴も　いるが
お偉い連中に　税金が高いと文句をつけ
王様同士の戦さを邪魔する幸運を
神々から賜らなくとも　文句はない
活字がまぬけを好きに操ろうと　検閲官が
雑誌の中味に目をつけて
お調子者を懲らしめようが　痛くもかゆく
もない
そんなものは　所詮　言葉　言葉　言葉[i]
ほしいのは　それじゃない　最高の権利だ
ほしいのは　それじゃない　最高の自由だ
皇帝の言いなりも　民衆の言いなりも
どっちもどっちじゃないのか　願い下げだ
　　　　　　　　　　　　　　　　だれにも
お伺いを立てず　己のみに　仕え
己をのみ喜ばせ　権力や　制服には
良心や　意志を　曲げず　平身低頭しない
心の赴くままに　あちこちを　放浪し
自然の　神々しい美しさに　おどろき
芸術と　霊感が創りあげたものの前で
よろこびに震え　うっとりと感極まる
これぞ幸福！　これぞ権利だ…
（『ピンデモンテから』、1836年執筆、1855年出版）

---

i『ハムレット』（プーシキン注）

1836年は、アレクサンドル・プーシキン
にとって最後の一年だった。翌年の1月に、

アレクサンドル・プーシキン
（1799-1837）
（画像：Wikipedia commons）

1799年 モスクワ生まれ。父は世襲貴族。
母はピョートル一世の僕婢ハンニバルの
曾孫

1811－1817年 宮廷貴族学校で学ぶ。のちのデカブリスト、
キュヘリベケルと親交を結ぶ。
1818年 詩『自由』、『村』、『チャダーエフに』
1820年 長編詩『ルスランとリュドミラ』。
1820－1823年 キシニョフに流刑。
1824年『ボリス・ゴドゥノフ』
1830年 韻文小説『エヴゲニー・オネーギン』
1831年 ナタリヤ・ゴンチャロワと結婚。
1833年 長編詩『青銅の騎士』
1836年 雑誌『ソヴレメンニク』創刊。『大尉の娘』。
1837年1月 決闘により死亡。37歳。

無謀にも決闘をして致命傷を負い、命を落と
したからだ。

その年は、たくさんの仕事に忙殺された。
母親の死、妻の出産などの私事のほかに、創
作のかたわら、雑誌の刊行という大きな構想
を実現するために、実務の仕事に奔走した。
詩人が死期を予感していたかどうかはわから
ないが、死ぬ前の年に、なぜ、こんなにたく
さんの仕事を自分に課したのだろう。

雑誌『ソヴレメンニク』（誌名は「同じ時代を
生きる者」という意味）は、1835年に出版の許
可をもらい、1836年4月にようやく第一巻目
の刊行にこぎつけた。それからのプーシキン
は、出版元、編集者のほかに、原稿の執筆も
するという、いくつもの仕事をひとりでこな
した。

詩『ピンデモンテから』も『ソヴレメンニク』
に掲載されるはずだった。

◆権利と自由

詩の前半。お上から頂戴する権利を自分は
（プーシキンは）特にありがたいとは思ってい
ない、税金が高いからと言って異議を申し立
てる権利、国同士の戦さにあれこれ文句をつ
ける権利、そんな権利は、自分にはたいして
意味はない。また、雑誌に書いた原稿に検閲

官が目を光らせ、この表現がけしからんと言って削除を要求したからといって、それも自分には意味のないことだ。そもそもそんなものはくだらない、ただの言葉じゃないかと。さらにプーシキンは、狂気を装うハムレットが、「何をお読みです?」という、国王の忠臣クローディアスの問いに答えてつぶやく「言葉、言葉、言葉」というセリフを引用したあと、そんな些末な権利ではない、最高の権利と最高の自由への賛歌に向かう。

後半で謳われる最高の権利と自由の意味は何か。真っ先に「定義」されるのは、

皇帝のいいなりも　民衆の言いなりも
どっちもどっちじゃないのか　願い下げだ
　　　　　　　　　　　　　　　だれにも
お伺いを立てず　己のみに　仕え
己をのみ喜ばせ　権力や　制服には
良心や　意志を　曲げず　平身低頭しない

皇帝が最高権力者のロシア帝国で、皇帝のいいなりにならず、また詩人にとって自分の作品を読んでくれる読者たる民衆に従うのもまっぴら、という姿勢をつらぬいて生きるのは、むずかしい。物書きであれば、権力におもねるのも、読者の評判を気にすることも、逃れられない現実だろうから、詩の後段は、そうできたらどんなにいいか、という夢想だろう。

しかし待てよ、と思う。「だれにも/お伺いをたてず　己のみに　仕え」というのは、言葉を換えれば、「自分の心は、自分が支配する」ということだ。それはたしかに、誰かが授ける権利というものではない。

ロシアのプーシキン研究者エヴゲニイ・トッデスは、「だれにもお伺いを立てない」、だれに対しても説明義務を一切負わないとすれば、その権利は、人間を「神への説明義務」から解放するはずだと考えた。自由と権利はより根源的な、生まれながらに人間にそなわ

るものとして表現されている。誰かに、自分の考えや行動について説明しなくてもよい。それは自然法なのだ、と。

プーシキンは検閲をくぐり抜けるために、これまでも、かなり神経をすり減らしてきた。この年に書いた一つの論文(少し後で触れる)、それはプーシキンがぎりぎりの妥協をしてでも出版したかったものだ。それだけでなく、ニコライ一世の重なる求めに応じて、侍従の下の位を受け入れ、侍従の「制服」も身に着け、宮廷で催される仮面舞踏会に出席することもしなければならなかったが、おかげで俸給を得られることになり、経済的には楽になった。人は、生まれながらに持つ権利と自由を、いつのまにか制限付きの些末な権利とひきかえにし、卑小になる。とにかくお上から頂く権利も自由も、絶対に手放してはいけないものだ。とすれば詩の前半は、プーシキンの愚痴にちがいない。そして詩人は、

心の赴くままに　あちこちを　放浪し
自然の　神々しい美しさに　おどろき
芸術と　霊感が創りあげたものの前で
よろこびに震え　うっとりと感極まる

ことを夢見る。「心のなかは自由だ」といっているのだ。願っても夢のなかでしか実現しない自由。息をするまえに、言葉を口にする前に、誰かにお伺いをたてる必要のない世界。

◆ピンデモンテ

詩の題名は変わっている。なぜピンデモンテ?ピンデモンテはいったい誰なのか。「ピンデモンテから」というからには、ピンデモンテの著作からの引用が詩になっているのか。

イッポリート・ピンデモンテ(1753-1828)は、イタリアのヴェローナ生まれのロマン主義の詩人で、1770年代から80年代にかけて欧州を旅し、フランス革命に遭遇し共鳴、叙事詩

『フランス』を書いたが、のちに革命の残虐を目の当たりにして幻滅し、その後は政治から遠ざかり、孤独にすごした、と伝記にある。

1974年版プーシキン選集の『ピンデモンテから』に付いている注には、「詩は当初、『アルフレッド・ミュッセから』という題名だったが、その後『ピンデモンテから』に差し替えられた」と。アルフレッド・ミュッセ？ミュッセはフランスのロマン主義作家で、戯曲や詩、小説を手掛け、日本でも数多く翻訳が出ている。

ロシアの研究者たちが、現存する『ピンデモンテから』のプーシキンによる自筆原稿の写しを調査したときに、プーシキンはすでに完成していた詩の題名『アルフレッド・ミュッセから』を、上から線を引いて抹消し、新たに『ピンデモンテから』と書き改めたことがわかった。それならば、ミュッセもピンデモンテも、詩の内容には関係ないということになる。

ここに『ピンデモンテから』の自筆原稿の写しがある。写しはプーシキンの手書き原稿を、現代になってコピーしたのではなく、詩人の死後、友人のジュコフスキーが手書きの写しを作らせた。自筆原稿は散逸した。

たしかに最初の表題が線で消され、上からピンデモンテと書き入れてある。そして「ピンデモンテ」の直前に何か文字が見える。これが数字であることについては専門家たちの意見は一致したが、ローマ数字のⅥかN1（№1）かで判断は分かれた。

さて、サンクトペテルブルグの中心部、ネヴァ川のデルタに、カーメンヌイという名の島がある。プーシキンの妻ナタリアはこの年の夏、この島に別荘を借り、詩人はここで、『ソヴレメンニク』に掲載するための詩や論文を書いた。ここで6月から8月にかけて書かれた詩のなかに、『ピンデモンテから』のほかに

プーシキン『ピンデモンテから』の自筆原稿写し、1ページ目（ロシア科学アカデミーロシア文学博物館所蔵、2023年11月10日画像使用許可取得。画像は全ロシアプーシキン博物館ホームページより転載）

も、表題の前に数字が書かれたものが複数あった。それはローマ数字のついた三つの詩で、順番にならべると、

Ⅱ.«Отцы пустынники»（『砂漠を生きる父と罪なき母らは』）

Ⅲ.«Подражание италиянскому»（『イタリア風模倣』）

Ⅳ.«Мирская власть»（『世俗の権力』）

となる。

三篇のうち最初に発見されたのはⅣの«Мирская власть»の自筆原稿で、詩行の上には、ローマ数字のⅣがはっきり見える。

Ⅱ、Ⅲ、Ⅳのローマ数字は、ひとつのテーマをもつ連作であることを示すためにつけられ

たらしい。たしかに三つの詩には一貫したテーマがある。復活祭を前にした大斎期の祈り（Ⅱ）、受難週木曜日最後の晩餐での、イエスの弟子ユダの裏切り（Ⅲ）、そしてイエスの磔刑（Ⅳ）。連作詩を構成する大きなテーマが正教の大斎期とキリストの受難週（Страстная неделя）であれば、連作詩がこの3つの詩で構成されることは自然なことだ。

«Мирская власть»の原稿を発見した研究者ニコライ・イズマイロフは、はじめて連作詩の存在の可能性を提起し、『カーメンヌイ島連作詩』と仮称した。ただしⅡ、Ⅲ、Ⅳだけでは連作にはならない。Ⅰはどこだ。思いを抱く研究者たちのまなざしは、もうひとつの番号を持つ詩、『ピンデモンテから』に向かった。

『ピンデモンテから』が『カーメンヌイ島連作詩』の一部であるかどうかは特定されていない。しかし、プーシキンが、キリスト受難だけをテーマに、福音書の伝説に沿って詩を書き、また正教の大斎期に行われる聖人の祈りを引きながら、わざわざ連作詩とすることにエネルギーを注いだとは思えない。プーシキンは一貫して、宗教や教会のテーマには言葉少ない詩人であるというのが理由だ。そう考えれば、『ピンデモンテから』のような違和感のある詩であっても、連作詩に含める可能性はある。ただ、Ⅱ、Ⅲ、Ⅳと『ピンデモンテから』のあいだの距離は小さくはない。福音書のテーマと、人間が生まれながらに持つ自由のテーマ、これをつなげる糸は、簡単には見つからないだろう。

ここからは推理だ。『ピンデモンテから』は『カーメンヌイ島連作詩』に含まれる予定だったとしよう。ただしテーマはⅡ、Ⅲ、Ⅳとは、何の関連もない。では、テーマの異なる詩同士がなぜ連作としてひとつになれるのか。実は、プーシキンはこの詩をどうにかして雑誌に掲載したかった、単独では検閲を通

らないが、福音書伝説のテーマにもぐりこませれば、可能だ、とプーシキンは考えた。内容と何の関係もないイタリア人作家の名を使い、題名を『ピンデモンテから』とすれば、あたかもピンデモンテの著作の一部を詩に書きかえたようにみえる。ピンデモンテはフランス革命に幻滅もしている。さらに、Ⅱの『イタリア風模倣』など、他の詩の題名との親和性もある。

この推理の一部は、ロシアの研究者の意見のなかにもあったようだ。たとえば、74年版のプーシキン選集の注を見ると、詳細はないが、『検閲の目を潜り抜けるため』とある。

◆論文

さて、この年の4月、プーシキンは一つの論文を書き上げ、検閲官に提出した。もちろん、『ソヴレメンニク』に掲載するために。論文の題名は『アレクサンドル・ラジーシチェフ』。

知られるように、ラジーシチェフ（1749-1802）は貴族身分でありながら、エカテリーナ二世の治世に起きた農民によるプガチョフの乱に触発されて、農奴解放を女帝にくりかえし訴え、政権にとっての要注意人物になった。農奴制の実態を記録した『ペテルブルグからモスクワへの旅』を、自宅で印刷し、逮捕されて、死刑判決を受けた。死刑を取り消されたのちシベリアに流刑になったが、やがて流刑が解かれペテルブルグにもどったあとも、ラジーシチェフの「思想」は改まることなく、1802年服毒して自ら生涯を終えた。

プーシキンはラジーシチェフについて、生涯に論文を二つ書いている。ひとつは1833年から34年にかけて書かれたもので未完成だった。もうひとつは、それから数年後のまさしく1836年、『ソヴレメンニク』への掲載を予定して書かれた。未完に終わった論文を、

アレクサンドル・ラジーシチェフ（1749-1802）
（画像: Wikipedia Commons）

今度こそは完成させ、出版にこぎつけたかった。プーシキンはこの論文で、ラジーシチェフについて何を書いたのか。ここでは、詩人がこの年の4月に書き上げ、主宰する雑誌への掲載をめざして検閲官と交渉を重ねた1836年の論文『アレクサンドル・ラジーシチェフ』を拾い読みする。

　まず論文の題辞には、1819年に作家で歴史家でもあったカラムジンがフランス語で語ったとされる言葉が引かれている。

　「誠実な人間が絞首に値するなど、あってはならないことだ」。

　発言自体は1819年のものだ。発言の意味は、「誠実な人間は、絞首刑になるような悪事に手を染めてはいけない」、または「誠実な人間が絞首刑に処せられるようなっことが

あってはならない」だろう。ロシア語版ウィキペディアは、カラムジンのラジーシチェフに対する好意的な評価として紹介している。しかし、1836年という時点でプーシキンの『ソヴレメンニク』を手にとる読者が、十年前の5人のデカブリストへの処刑が絞首であったことを思い出さないはずはない。何より、題辞はまっすぐにラジーシチェフの運命を指し示している。

　論文はラジーシチェフのドイツ留学とその時代の交友、『旅』の出版と流刑、刑を免じられサンクトペテルブルグに帰還してから自死するまでの生涯を、プーシキン自身のラジーシチェフの人物、『旅』への評価を挿入しながら、綴っている。ここではプーシキンの評価の部分を拾ってみる。

　「いかなる権力も持たない小役人が、何の後ろ盾もなく、大胆にも、公共の秩序、専制、エカテリーナに刃を向けるとは！しかも首謀者は秘密結社の一員、となれば、同志の結集を頼むものだ。（中略）ところがラジーシチェフは一人きりだった」。

　「著者はラジーシチェフを偉大な人物と敬ったことは一度たりともない。ラジーシチェフの行いについては常に、正当化できない犯罪とみなし、『ペテルブルグからモスクワへの旅』はつまらぬ作品と考えてきた。しかしその上で、ラジーシチェフが並外れた精神を持った犯罪者であることは、認めざるをえない」。

　「『ペテルブルグからモスクワへの旅』については（中略）、民衆の不幸な境遇、高位の人間たちがふるう暴力云々などの記述は誇張であり、低俗だ」

　「ラジーシチェフの影響などはとるに足り

ない。『ペテルブルグからモスクワへの旅』を読んだ人はみな、そんな本のことはもう忘れている、本のなかには筋の通った考えや、穏当な目論見も散見されるが。それらの考えが、真実な気持ちで好意を持って書かれたものであれば、真に役立つものになっていたはずだ。悪口雑言に説得力はなく、愛のないところに真実はないからだ」。

手厳しい評価にみえるが、実は、この論文は手のこんだ手法で、ラジーシチェフの否定しがたい功績への評価、またプーシキン自身の哀惜の思いが、否定する言葉の隙間から漏れ出すように書かれていると思う。国賊として流刑され、自ら命を絶っても、思想を変えることができなかったラジーシチェフの行いを称え、活字にする可能性は、それによって自分が被る実害を考えれば、のこされていない、とプーシキンは考えたはずだ。論文を、「心のなかは自由だ」と思いながら書いたはずだ。

そう思う根拠のひとつは、1826年3月7日に詩人がジュコフスキーに宛てた書簡だ。

「政治や宗教についてわたしがどう考えようと、わたしはその考えを自分の心の内に秘めておく、無鉄砲に社会秩序に盾つくつもりはない」

ラジーシチェフは現実の社会と心のふたつの場所に棲み分けをすることなく、思うことを語り、書き、衆を頼まず、一人で闘い、考えを翻さず、みずから命を絶った。デカブリストもまた既存の社会秩序に異議をとなえて、処刑され、流刑された。けれどプーシキンは、これら心に近しい人々の運命をつぶさに見たあとに、別な道を選んだ。秩序に盾つかず、社会にみずからの居場所を確保し、しかし、だれにも侵させない心の自由を選んだ。

論文『アレクサンドル・ラジーシチェフ』は、1836年8月26日ウヴァーロフ教育大臣によって、最終的に検閲不許可となった。「すでに忘れ去られた、そして忘却に値する作家と書物についての記憶をよみがえらせることは無用だ」。

ウヴァーロフはプーシキンの意図を正しく見抜いた。プーシキンが、ラジーシチェフへの「悪口雑言」だらけの論文を書いたのは、こんな形であっても、ラジーシチェフの名が忘れられてはならない、人々の心に記憶され、後世に伝えられてほしいと願ったからだ。そのことを示すもう一つの詩がある。同じ1836年に書かれた詩『わたしは自分の記念碑を建てた　人力によらずに』ではじまる、一般には『記念碑』と呼ばれている有名な詩だ。

わたしは自分の記念碑を建てた　人力によらずに
碑を訪れる人は　絶えることなく
それは　不服従の頭ひとつ分　高くそびえる
アレクサンドルの記念塔よりも

わたしは死なない　心は詩の竪琴のうちに
遺骸は時を超え　朽ちることがない
名声も不滅だ　この地上に
たとえ一人なりと　詩人が在るかぎり

（中略）

わたしはこれからもずっと　民に愛される
あたたかな気持ちを　人々の心に呼び覚ましたから
過酷な生を生きながら　自由を称えたから
斃れた人々への慈悲を呼びかけたから

（後略）

（1836年8月21日。詩人の死後1841年に、検閲を考慮してジュコフスキーが改作したものが作品集に掲載された。訳は1881年以降に復活した1836年版のテキストから訳出）

一連目にある

それは　不服従の頭ひとつ分　高くそびえる
アレクサンドルの記念塔よりも

ここに登場するアレクサンドルの記念塔は、サンクトペテルブルグの宮殿前広場にある、アレクサンドル一世のナポレオン戦争勝利を記念する円柱のことだ。プーシキンは円柱の除幕式に宮廷侍従として参加することを良しとせず、式典を前にモスクワに発ってしまった。「不服従の頭ひとつ分」の抵抗。一方ラジーシチェフは、赦免されペテルブルグに戻り、アレクサンドル一世のもとで法案作成委員会の委員に任命され、個人の権利、農奴を含むロシア帝国臣民の自由を定める法案の作成にかかわった。法案には「民は君主のために作られたのではない、君主自身が神慮により民の利益と平安のために制定されている」と書かれ、思想、言論、信仰、通信の自由が謳われた。また裁判の被告について、「犯罪が立証されない限り、被告は犯罪人ではない」と明記されたが、議論の末、法案は皇帝によって退けられた。どうだろう。ラジーシチェフの自由と権利のための闘いと挫折は、まちがいなく、「アレクサンドルの記念塔よりも、不服従の頭ひとつ分高く」そびえていたといえるのではないか。

いうまでもなくプーシキンは『記念碑』という詩のなかで、自分の願いを書いたのだと、私は思っている。それは、この詩の四連目の初稿が、次のようなものだったことでも分かる。論文の底にひそんだラジーシチェフへの深い敬意が、詩の言葉になって記されている。

わたしはこれからもずっと　民に愛される
詩歌の　あたらしい響きを　手に入れたから
ラジーシチェフに倣って　自由を称え
　　　　慈悲を讃美したから

それでも、いま『記念碑』の詩行をあらためてたどるとき、わたしは、プーシキンの言葉を、あたかもラジーシチェフが自分の思いを語っているかのように読んでいる自分に気づくのだ。プーシキンはきっと、そういう風にこの詩を書いたにちがいない。

☆　☆　☆　☆

君は知りたいのか　わたしが誰か　何者か
　　どこへ行くのか
私は　これまでと同じ　これからもずっと
同じ人間だ
家畜でも　木でもなく　奴隷でもない　人
間だ
未踏の場所に　道を拓く
命知らずのボルゾイのために　散文で　詩
で
感じやすい幾多の心のため　真実のために
　　恐怖へと
赴く　イリムスクの監獄に
（アレクサンドル・ラジーシチェフ、1791年）

（おかばやし　くみ　ロシア文学）

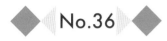
ウクライナ語とロシア語のはざまで

渡部　直也

はじめに

　2022年2月24日のロシアによるウクライナ全面侵攻から1年半以上が経つ。言うまでもなく、ウクライナ国民の反ロシア感情は高まるいっぽうで、ロシア語話者が使用言語をウクライナ語に切り替えるような動きも広まっている。しかしながら前号の拙稿〔67号「ロシア語とウクライナ語はどれほど違うのか？」〕で述べたように、両言語の間には少なからぬ違いが見られ、言語の切り替えが果たしてスムーズに進むのかという疑問も生じる。今回はそのような背景も踏まえながら、ウクライナにおけるウクライナ語とロシア語との関わりについて考えてみたい。

ロシア語忌避の動き

　現在ウクライナにおける公用語（国家語）はウクライナ語に限られているが、歴史的経緯からロシア語を母語ないし第一言語とする住民も多い。一般的に東部および南部においてロシア語話者が多いとされ、特に家庭内での会話は専らロシア語という者がむしろ多数派であった[1]。ただし国民的アイデンティティに関する調査では、特に2014年の侵攻以降ウクライナだと回答する者が多く[2]、「ロシア語」と「ロシア連邦」とを安易に結び付けてはならない。

　しかし全面侵攻以降は言語状況そのものがかなり変化している。2022年12月に行われた調査[3]によると、日常生活において主にロシア語を使う割合は、2017年の26％から15％に低下した。さらに注目すべきこととして、ロシア語が「重要な」言語ではないと考える割合が、2014年の9％から58％に急増しているのだ。報道でも、以前ロシア語で歌っていた歌手がウクライナ語の曲を製作し始めるほか、様々な芸能人がSNSでの投稿をロシア語からウクライナ語に切り替えるといった動きが報じられている[4]。ロシア語話者が弾圧されるようなことはないという調査結果もあるものの[5]、社会全体で「ロシア語離れ」が進行していることは間違いないであろう。

二言語の共存

　使用言語をロシア語からウクライナ語に変えるとは言うものの、日本で暮らす者にとっては、スマートフォンの設定ではあるまいしそんなに上手くできるものなのかと疑問に感じてしまう。こういう状況が可能となるのは、ロシア語を「母語」ないし日常の言語としていたウクライナ国民も、元々ウクライナ語を話すことができたからであろう。2017年の世論調査によれば、ロシア語話者の多いとされる東部や南部でも8割以上がウクライナ語を運用可能だと回答している[6]。ソ連から独立して30年以上が経ち、義務教育でウクライナ語を学んだ世代も多く、また公共空間におけるウクライナ語の浸透も要因だろう。先述の2022年12月の調査においても、ウクライナ語とロシア語の双方を使用するという回答は依然として多かった。

　ただし、社会的には二言語が併用されてきたと言える一方で、個人レベルでの言語使用についてはやや注意して考えなければならない。2017年の調査において、自身が「バイリンガル」だと考えると回答した割合は、先ほ

ど述べた各言語が「運用可能だ」とする割合と比べて顕著に低かったのである。「バイリンガル」をどう捉えるかという問題はあるが、少なくとも読み取れるのは、ウクライナ語ないしロシア語が「わかる」けど「使わない」という国民も一定数いたということであろう。そのように考えてみると、言語の切り替えがそこまで簡単ではないようにも思われる。

両言語の連続性

ソ連時代にウクライナ語の「ロシア語化」が一定程度進められたことや、両言語の類似性が強調されたことの反動で、近年ではウクライナ語は独自に発展し、ロシア語とは異なるものだと強調される動きが目立つ[7]。

確かに前号で述べた通り、特に音声・音韻と語彙の面では多くの相違点が確認できる。一方で、語彙においてロシア語と異なるものとほぼ共通のものとが共存しているケースもある。表1にいくつかの語彙を、参考までにGoogle検索におけるヒット数[8]とともに例示する。

表1　語彙の共存（括弧内はGoogle検索のヒット数）

	（ロシア語と共通）	意味
вітаю (9.21)	привіт (9.26)	こんにちは
дякую (38.90)	спасибі (3.23)	ありがとう
потяг (4.73)	поїзд (2.19)	列車

また音声・音韻についても、方言レベルで見ると連続性が見られる[9]。最も顕著な例は子音のrで、ウクライナ語だけでなくロシア語の南部方言でも摩擦化している。さらに母音についても多様なバリエーションが観察さ

れる。ここではウクライナ語とロシア語とで共通の語彙が用いられる場合について見てゆく。まず、強勢があってウクライナ語の[i]とロシア語の[e]が対応する場合（例：світ /свет「光、世界」）であるが、ウクライナ語の北部方言では[ie]ないし[e]の発音が見られ、いわば両言語の中間的位置付けとなっている。

次に強勢のない母音について、ロシア語の標準語では制限が強くいわゆる「弱化」が生じ、/o/は[a]ないしより弱化した[ə]、/e/は[i]になるほか、軟子音の直後では/a/（表記上はя）が[i]に交替する。一方でウクライナ語の標準語では音声的に若干の変化があるものの、ロシア語のような弱化は生じないとされる[10]。例えば最近よく聞かれるперемога「勝利」という単語も、強勢のない[e]についてさほど変化せずに発音されている。しかし方言に関する記述を見ると、様々な地域で母音の弱化が起こっており、ロシア語と類似した交替パターンも多い。特に軟子音の直後における/a/について、ウクライナ語の南東部方言や一部南西部方言では、ロシア語標準語と同様に[i]の発音が広く見られる。一方でロシア語の南部諸方言においては、яканьеと呼ばれる[a]の発音が観察され、逆にウクライナ語の標準語に類似しているのだ。さらにウクライナ語の北部方言では[e]の発音が観察され、両者の中間と言えるだろう。専ら標準的な発音がなされているウクライナのテレビ放送でも、тисяча「千」やпам'ять「記憶」といった単語では、яの箇所で[i]の発音がよく聞かれる。

以上を含め、いくつかの発音のバリエーションを表2に要約するが、同一地域においてもゆれがある点には留意されたい。

おわりに

ウクライナでは歴史的経緯からウクライナ

表2　ウクライナ語・ロシア語における母音の方言的バリエーション

ウ標準	ウ北部	ウ南東部	ウ南西部	ロ標準	ロ南部	意味
світ [i]	[ie] ~ [e]	[i]	[i]	свет [e]	[e]	光、世界
пам'ять [a]	[e]	[i] ~ [a]	[i] ~ [a]	память [i]	[a] ~ [i]	記憶
родити [o]	[a] ~ [o]	[o] ~ [u]	[u] ~ [o]	родить [a]	[a]	産む

語とロシア語が共存してきた。両言語は、特に標準語レベルで顕著な違いが確認できる一方で、方言まで考慮に入れると上で見たような一定の連続性が観察される。これは言うまでもなく、ともに「東スラヴ語群」に属するという系統的な近さの証左である。もちろんこれを利用したロシア政権側の悪質なプロパガンダは批判されるべきであるが、対抗措置として「ロシア的」要素を忌避・排除することは、歴史的に培われてきた東スラヴないしルーシの文化を傷つけ、ウクライナ語の破壊にもつながりかねない。ロシア語がかつてのウクライナ支配の象徴となってしまうのは致し方ないことであるが、言語や文化そのものに対しては、国家とは切り離した観点を持つことが大切であろう。

注

1　*Соколова, С. О.* Українско-російский білінгвізм в України: сприйняття зсередини та зовні. / Українська мова 3(79): 30–53, 2021. キーウ国際社会学研究所の2017年の調査による。

2　Kulyk, Volodymyr. (2019) Identity in Transformation: Russian-speakers in Post-Soviet Ukraine. *Europe-Asia Studies* 7(1): 156–178. キーウ国際社会学研究所の2014年の調査による。

3　Мова та ідентичність в Україні на кінець 2022-го (https://zbruc.eu/node/114247)

4　"Перевзулися" чи змінили переконання? Якими стали російськомовні українські зірки за рік війни (https://www.rbc.ua/rus/styler/pidlashtuvalisya-chi-zminili-perekonannya-1677222438.html)

5　Індекс сприйняття російсько-української війни: Рузультати телефонного опитування, проведеного 19-24 травня 2022 року (https://www.kiis.com.ua/?lang=ukr&cat=reports&id=1113&page=1)

6　Соколова [2021]による。

7　Топ-5 міфів про українську мову (https://tsn.ua/blogi/themes/politics/top-5-mifiv-pro-ukrayinsku-movu-1034590.html)

8　2023年9月26日の検索結果（単位：百万）。検索言語をウクライナ語に設定し、完全一致に限定した。

9　次の文献を参考にした：Атлас української мови: в 3 т. Київ: Наукова думка, 1984-2001.; *Бевзенко, С. П.* Українська діалектологія. Київ: Вища школа, 1980.; *Пожарицкая, С. К.* Русская диалектология. Москва: Академический проект, 2005.

10　*Тоцька Н. І.* Фонетика і фонологія. // За ред. *А. П. Грищенка.* Сучасна українська літературна мова. Київ, 2002.

（わたべなおや　東京大学学術研究員・上智大学等非常勤講師／スラヴ語学・音韻論・形態論）

日本ロシア学生交流会：
コロナ禍とウクライナ侵攻の中で

垣内彩季　先崎悠希　三浦百々音

1．日本ロシア学生交流会とは

当会は日本とロシア、両国の純粋な文化交流活動の促進を目的に活動しているインカレサークルである。関東を中心に様々な大学からロシア・ユーラシア文化に関心のある学生が集まっており、会員数は2023年11月現在で85名にのぼる。学

八田圭子先生をお招きして
バラライカ教室を開催

生同士の交流も盛んなほか、ロシア語圏に暮らす日本語を勉強している学生や社会人の方々と接する機会も多いのが特徴だ。活動内容はロシアの大学生とのオンライン交流会や、料理会、バレエやオーケストラなどの芸術鑑賞会、バラライカ教室、外部講師を招いて行う講演会など多岐に渡る。（垣内）

2．コロナ禍での活動

2020年に始まった新型コロナウイルスの蔓延は私達の活動の大きな壁となった。対面での既存企画の実施が困難な中でも、私達は工夫して交流の場が失われないような活動を行おうと試みてきた。

例えば、以前は大学の長期休暇を利用して日露の大学間で交換訪問が行われていたが、コロナ禍で海外渡航が制限されてからは、代わりにzoomを利用したオンラインでの交流会を行っている。この交流会では、対面の時と変わらず双方の学生は積極的に互いの言語でコミュニケーションを取ることで理解を深めている。オンラインでの開催は場所を問わず費用もかからないため、対面の交流会にはなかなか参加できなかった会員も現地学生との交流が可能となった。さらに会員全体が参加するSNS上では定期的に雑談会や定例会が実施され、ロシア文化で自身の興味のあるトピックについて大学の垣根を越えて語り合える場が設けられた。これらの活動は対面の活動よりも敷居が低いのか、参加する会員は多い。

もちろんコロナ禍以前からの企画も実施が可能なものは継続されている。例えば2022年にはロシア映画の鑑賞会を都内で行ったが、映画鑑賞は声を出さずに楽しめるため、数少ない対面イベントとして人気を集めた。このように、コロナ禍において、従来通り継続した企画も形態を変えた企画も、より活動が活発になる事例があった。そしてコロナ禍に形態を変えた企画は制限が緩和された現在

日露合作映画「ハチとパルマの物語」鑑賞会

でも引き続き開催されており、当会の目的である文化交流の促進の場として重要なものとなっている。(三浦)

3.ウクライナ侵攻下での活動

　近年でもっとも当会の活動に影響を与えた出来事は、おそらく今もなお多くの人が関心を向け続けているであろう、ロシアによるウクライナ侵攻である。この戦争は、私達のあらゆるものを変えてしまった。ロシアに滞在していた日本人留学生に帰国勧告が出され、当サークルの一大企画である日露両国での交換訪問の再開はさらに遠のき、いまだ見通しはたっていない。また、ロシアが国際法に背いてウクライナに侵攻したのは紛れもない事実であるが、そのために「ロシアに関わる」活動を続けていた我々に向けて「ロシアを支持するような活動をするな」という旨の批判の声がSNSのメッセージ機能で届いたこともあった。

　このような事態を踏まえながら、活動を慎重に、気を遣いながらも続けていくことにはかなり神経をすり減らしていた。そして、マスメディアを通して繰り返し報道される悲惨な現状を目の当たりにした結果、私達が抱いていたロシアという国に対する憧れは、多かれ少なかれその輝きを霞ませていったようにも思う。今、ロシアを好きでいていいのだろうか。多くの会員がそのような思いを胸に抱いていたのではないか。

　そんな中で、ロシアではない国や地域にも目を向けようとする傾向が出てきた。すなわち、中央アジアや東欧諸国などにもスポットライトが当てられるようになり、それは当会でも同様であった。多方向に興味を持ち知ろうとすることは良いことである。ただ、新たに知ろうとする国や文化を決してロシアの代わりとして見ない。これが今後必要とされる姿勢となっていくのだろう。私達は今地域研究の新たなステージに立っているのかもしれない。(三浦)

4. 活動を通じて学んだ食の歴史と文化

　私が当会に入会して興味を持ったのは、映画や音楽に触れる企画もあるが、なかでも食を通じてロシアとその周辺地域の文化が学べることだ。会の催しではレストランで食事をする企画や、現地の料理を調理する企画がある。これらに参加してみていくつか気づくことがあった。まずは、目の前に料理があるため、写真や本で調べるより実感がわくということ。そして料理に出会った後、その料理が食べられている地域を調べることで、歴史や食を通じて文化を知ることができる。

　例えば、ウクライナ、ロシア、バルト三国で一般的なボルシチというスープがある。材料にビーツを使うという共通点があるが、地域により材料や見た目、食べ方、盛り付け方、食器の模様等に違いがある。ロシアなどのボルシチは温かいスープであるのに対し、リトアニアなどで食べられているボルシチはスヴェコールニクといい、冷製スープである。この冷製ボルシチは、一般的な赤色のボルシチと違い、最初からサワークリームが溶かされていて見た目がピンク色である。また、ボルシチが食べられている地域を調べること

新入生歓迎料理会でスィルニキをカッテージチーズから手作り

で、それを食べるときのマナー、行事など歴史や文化を知ることができる。

料理をおいしく食べることで楽しみながらその地域を知ることができるほか、料理を実際に食べることでより想像力がわきやすくなり、調べるときに大きな手掛かりになる。こうした活動を通じて、これからもロシアとその周辺地域の知識を深めていきたいと考えている。（先崎）

5. サークル活動を通して気付いたこと

私は以前、当会の「純粋な文化交流」という理念について、果たして文化交流の際に純粋に文化のみに接触することは可能なのか、という疑念を抱いていた。なぜなら、私は当会での文化交流を通して、文化とは人間社会を構成するあらゆる要素の影響を受けており、完全に切り離して関わることは難しいという気付きを得たためである。

例えば、2023年度には東京・三鷹にある現代ロシア絵画美術館を訪問する機会があり、その際にソ連とロシアに駐在して絵画を蒐集していた方にお話を伺った。そこで興味深かったのは、1980年代頃までソ連では一部の画家の作品は一般の画廊での販売や国外への持ち出しが禁じられていたことなど、芸術と政治や経済が結びついていることをうかがわせるエピソードであった。私はこれらの話から、文化とは様々な分野の連続性の中にあるということを実感した。

ただ、純粋という言葉が文化そのものの純粋さを指すのではないとしたら、では何を意味するのだろうか。今の私は、この純粋さとはあくまでも文化体験に一貫して主眼を置き続ける、文化に対する純粋な、つまりひたむきな姿勢を指すのだと考えている。そしてこうした姿勢が、各々の興味や文化の違いを寛容に受け入れる当会の自由な文化交流の風土をもたらしているのだと思う。これもまた、活動のなかでお互いの文化に真摯に向き合い、尊重しあう当会に携わる人々の姿をみて、ふと気付かされたことである。（垣内）

6. 当会の原点に思いを馳せて

当会は1989年、ソ連末期という激動の時代に創立された。実際に当時の会員から話を伺ったわけではないため想像の域を出ないが、今よりも情報入手が難しく、交流の手段も限られた時代背景での苦労は想像に難くない。

コロナ禍、ウクライナ侵攻下での活動は、こうした困難な時代背景の中での文化交流活動という点で、創立当初の状況を思い起こさせる。そして当会の出発点と同じく、情勢の少なからぬ影響を受けた中でのサークル活動は、活動を続ける意義について、当会の原点に立ち返って改めて考え直すきっかけを私に与えてくれた。私がサークル活動を通して実感したことは、たとえその分野にとって困難な時代であっても、ひたむきに文化と向き合い、実際に体験、交流できる場の存在は、自分の関心のある分野に触れて学びたい学生に求められ続けているということだ。私は当会の存在意義の核心は創立当初から一貫してそこにあるのではないかと考えている。その証左として、ロシアに対する世間の風当たりが強い中にもかかわらず、2023年度は前年度と比較してサークルの会員数はむしろ増加している。私達は、今後どんな時代が来たとしても、その時代を生きる学生たちのために、こうした場を未来に繋いでいきたい。（垣内）

（かきうち　さき　津田塾大学学芸学部国際関係学科2年）
（せんざき　ゆうき　城西大学経済学部経済学科3年）
（みうら　ももね　東京外国語大学国際社会学部ロシア語・ロシア地域専攻2年）

ロシア滞在期の研究活動について

ボビト

私は内モンゴル出身で、2015年に日本に来ました。2017年に静岡大学に入学し、2019年に修士を修了しました。またその年に神奈川大学に進学し、2022年2月から2023年1月に大学の交換留学制度でロシアのブリヤート共和国に留学しました。

写真1　レーニン広場
（2022年2月6日、写真は全て執筆者の撮影）

本来はロシア語学習のための留学ですが、私は主に研究のため、現地見学と資料収集をしたく、ブリヤートに行きました。私の研究テーマはモンゴルの拝火信仰についてです。修士課程では主に内モンゴル各地域の民族誌、青海省モンゴル民族誌を利用して中国におけるモンゴル民族の拝火祭に関して論文を書きました。またホルチン右翼中旗の拝火祭の儀礼を観察、フィールドワークをしています。修士論文を通して、モンゴル民族の拝火信仰を概観し、ホルチン地域における祭祀儀礼の実態を分析できました。博士論文はもっと広い地域に渡るモンゴル民族、つまりロシアのブリヤート、モンゴル国、中国の内モンゴルと青海省、新疆地域に住むモンゴル人を

著者

含めて、拝火信仰を捉えたいです。また中国における幾つか民族の火の祭りと漢民族の竈神と比較および分析をし、モンゴルの拝火信仰を明らかにしたいです。モンゴル人の拝火信仰を通して、現在社会の民俗の在り方と役割、国境を跨る民族の実態と民俗の変化、信仰実態を探ってみたいです。

ロシアのブリヤート人はシベリア地域に生活して長い歳月を経ています。蒙古秘史に出てくるバルグダイ・バートルの領地（住処）はバイカル湖の東、バルグジンにあります。現在のブリヤート人は自分たちの出自をバルグ・バートルの11人の息子から来たと信じています。ブリヤートの博物館や資料館にこの11人の後裔たる諸部族（ハラ）、オギン・ビチグ（出自の系譜）あるいはゲルイン・ビチグ（家の系譜）が多く残っています。

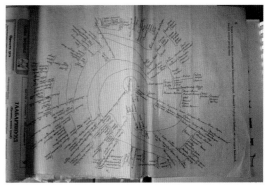

写真2　系譜（アギンスコエで撮影）

ブリヤート共和国は1940年代までにブリヤート・モンゴル国と自称し、ウイグル式モンゴル文字を使っていました。国立資料館、ロシア科学アカデミーシベリア支部モンゴル・チベット・仏教学研究センターの資料館

写真3　春祭りの人々（2022年3月6日）

写真4　対独戦勝記念日（2022年5月9日）

写真5　歴史博物館所蔵タンカ（掛け軸）（2022年5月26日）

写真6　アラタラガナ・ナーダム（祭りの風景）
（2022年7月26日）

およびアカデミー図書館、国家図書館、国立大学付属図書館に保蔵されています。また、お寺にも少量の写本を持っていました。私は2022年にこれらの資料館に保管されているウイグル式モンゴル文字の資料を利用していました。

国立資料館

　資料館は市内に何箇所かありますが、私はレーニン街の資料館のみ利用しました。初回の使用は紹介状と利用状況の登録が必要です。紹介状は指導教員の紹介状のもとにブリヤート大学に改めて紹介状を作成してもらい、また当大学の国際課長の許可を得なければなりません。登録は個人情報と資料利用の目的、研究テーマなどを記入します。資料の利用は館内に限り、コピー代は年代別に金額が異なります。資料館のホームページに電子目録があり、館内に紙製の目録が用意してあります。利用は便利ですが、館内は狭く、10人程度の座席しかありません。ここに19世紀から20世紀40年代までのウイグル式モンゴル文字で書かれた村落のあいだの行政書

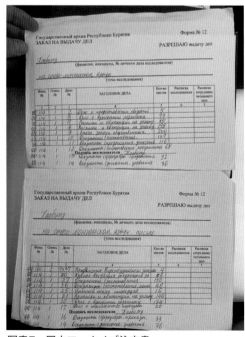

写真7　国立アーカイブ注文書

写真8 国家図書館モンゴル文字書物の保管棚

簡、寺院文書などがあります。拝火祭祀書の研究において、書体の地域の認定と年代の弁別など、また近代ブリヤート人社会を理解するにはとても勉強の価値があると思います。

モンゴル・チベット・仏教学研究センター資料館

本センターを利用するには指導教員の紹介状、ブリヤート大学の国際課長の許可（公印とサイン）と当センターのセンター長の許可をもらう必要があります。招待状を整えるまで時間が掛かったが、2022年5月から2023年1月まで利用していました。

本館は週に二回、火、木曜日の14:30-17:30の間のみ開館し、利用時間は短いですが、全ての資料原本を読むことができます。有料ですが、原本を複写、或いは電子化したファイルをもらうことが可能です。私は主に本館を利用し、博士論文に使える資料を探しました。そこに拝火祭の祭祀書（17世紀〜 20世紀）は11冊あり、すべて読むことができました。

国家図書館

図書館カードを作る必要がありますが、無くても利用できます。ウイグル式モンゴル文字の資料は六階にありますが、目録（カタログ）は用意されていません。主にブリヤートで出版した20世紀初頭から40年代までのウイグル式モンゴル文字の書物で、ほとんどがロシア革命の宣伝と学習の内容です。私は目録を作ってみましたが、全部の資料を纏められず、ブリヤートを離れてしまいました（写真8棚の最下段の半分まで完成しています）。未完成の作業ですが、出来上がったリストを後日公開する予定です。

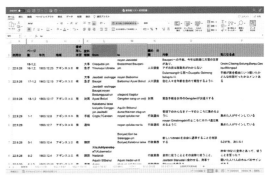

写真9 アーカイブ利用記録(一頁め)

寺院の見学

ウランウデ市を少し離れたイボルギンスキ地域にハンボラマ・ダツァン（民間の呼び方で、正式にはイボルギンスキー・ダツァンと言います）

写真10 イボルギンスキー・ダツァン（イヴォルガ寺。ブリヤート人・モンゴル人は「ハンボラマ・ダツァン（ハンボラマの寺）」と呼ぶ）(2022年4月22日)

写真11　寺院所蔵のお経

があります。ハンボラマはイテゲルト（信用たる）・ハンボラマとも言い、転生ラマで、ロシアの仏教最高の指導者です。彼は内モンゴルでも有名で、毎歳内モンゴルから訪れる人や、家畜、お金を捧げる人がいます。私は2022年に同じ内モンゴル出身のソグゴグさんと三回も訪れ、礼拝しました。またオーストリア大学のステーブニさんともう一回訪れ、ハンボラマと食事することができ、またお寺のモンゴル文字（言語を含む）を教える先生と話す機会を得ました。

　ロシアで留学している間に、ブリヤートで資料調査する以外、6月末から7月末までシベリア鉄道を使ってモスクワ、サンクトペテルブルクなど四つの都市に旅し、40件以上の博物館、芸術館などを見学しました。またバイカル湖を含むバルグジン地域とアギンスコエ地域に行き、ブリヤートの田舎の様子を

写真12　「ハンボラマ・ダツァン（ハンボラマの寺）」の先生

見回りました。留学の前に博士論文は進歩がなく、これからの道についても迷っていましたが、ブリヤートで博論の資料が見つかり、他モンゴル文字の資料を勉強でき、研究方向が見えてきました。また中国と日本以外の国の生活と歴史、文化をある程度わかり、視野を広げることができました。

　生活の面では、日本の物質に恵まれる環境について反省することができ、物質的に豊富になることは幸せな人生と研究や勉強にそれほど関わらないと思います。そして新しい環境や国に生活することができ、人生がもっと豊かになりました。コロナ時期と国際事態が安定してない時期に自分が期待していたことを叶えて、心がもっと強くなったと思います。新しい体験が多く、留学できたことに嬉しく、また自信を持つようになり、自分のことをもっと理解し、正しく評価することができました。

注

1　ブリヤート共和国の人は自分をブリヤート人と自称しています。区別を試み、中国領内のシネヘン・ブリヤート地域のブリヤート人をブリヤート民族とします。

2　バイカル湖の東側のブリヤート共和国と西側のイルクーツク州、またブリヤート共和国の東南にあるアギンスコエ地域にもブリヤート人が住んでいます。

3　チンギス・ハーンの祖先たるボダンツァル・モンハガの母アランゴワの父です。

4　ブリヤート人は部族をハラと言います。

5　ロシアでは「古いモンゴル文字」と言います。ただし、学術上に言うウイグル式モンゴル文字は唯一現在も使われているモンゴル文字で、モンゴル国とロシア領内モンゴル系民族が表記に使うのはキリル文字です。

6　ロシア語グラスの同級生で、仏教信者です。

7　歴史科の博士後期課程の学生で、研究テーマはロシアの少数民族、民族関係などです。

（ほびと　神奈川大学大学院歴史民俗資料学研究科歴史民俗資料学専攻）

サマルカンド近代建築探訪

宗野 ふもと

1. 歴史観光都市としてのサマルカンド

　中央アジアやイスラーム文化に興味を持っていなくても、「サマルカンド」という街の名前を聞いたことがある人は多いだろう。サマルカンドはかつてソグディアナの要衝として栄えた。13世紀のモンゴルによる破壊を経て、14世紀から15世紀にかけては、中央アジアのみならず周辺地域も版図に収めたティムール朝の首都として繁栄を極めた街である。現在、サマルカンドはウズベキスタン第二の都市であり、歴史観光都市として多くの観光客で賑わう。

　日本では、サマルカンドは「青の都」と呼ばれることがある。「青の都」と言われる所以は、青を基調としたモザイクやタイルで装飾された荘厳なマドラサ（イスラーム神学校）が立ち並ぶレギスタン広場、ティムール朝の創始者ティムールが眠るグリ・アミール、ティムール最愛の妻であるビビ・ハヌムの名を冠したビビ・ハヌムモスク、預言者ムハンマドの子孫やティムールの親族の霊廟が並ぶシャーヒ・ズィンダがあるからだろう。

　2001年、サマルカンドは「文化の交差路」としてユネスコ世界遺産に認定された。サマルカンドは古代からティムール朝期にかけて、異なる文化が交差する街として栄えたこと、その繁栄の証として、レギスタン広場、ビビ・ハヌムモスク、シャーヒ・ズィンダ、グリ・アミール、ウルグベク天文台といった特筆すべき建造物が現存していることが、世界遺産登録の理由としてあげられた[1]。1991年にウズベキスタンが独立して以降は、政府は観光を経済発展のために欠かせない産業と位置付

け、開発を推し進めてきた。上述の建造物はほぼ完全に修復され、今日ではサマルカンドを代表する観光地として、国内外から多くの観光客が訪れる[2]。

　ところで、歴史的建造物が複数ある地域（以下、旧市街と記述）に隣接して、サマルカンドにはロシア帝政時代（19世紀後半から20世紀初頭）以降に形成された街並み（以下、新市街と記述）と建築がある。ユネスコによれば、ロシア帝政時代の街並みと建築は、前時代との連続性を有するとして世界遺産認定の際に評価されている。しかし今日、商業、住宅地として栄え、有名な観光地を持たない新市街に観光客が訪れることは少ない。また、街の形成プロセスや個々の建物の履歴は、サマルカンド市民にも広く知られているとはいえない。以下では、ロシア帝政時代以降に形成された新市街とそこに建つ建築を紹介していきたい。

2. サマルカンド近代建築探訪プロジェクト

　なぜ、筆者はロシア帝政時代につくられた街並みや建築に注目するのか。理由は二つある。一つ目の理由は、ウズベキスタン独立以降の観光戦略─ロシア帝政時代とソ連時代を経て「復活」したシルクロードをテーマにした観光開発─によって、イスラーム建築が観光資源として注目を集め、帝政時代以降に形成された街並みや建物、帝政時代からソ連時代への関心が薄れつつあることへの疑問である。二つ目の理由は、定番観光地においてオーバーツーリズムが起きつつあるからである。これらの問題意識に基づいて、筆者は、授業の一環として学生とともにサマルカンドに残る近代建築（ロシア帝政時代からソ連時代に建設された建物）を調べ、地図としてまとめ、観光客に向けて発信するプロジェクトを企画、実施した。

　このプロジェクトは、サマルカンド観光案

内所にJICAボランティアスタッフとして勤務する伊藤卓巳氏の協力によって実現した。伊藤氏も帝政時代やソ連時代の建築に関心を持つ。観光隊員として活動する伊藤氏は、観光地におけるオーバーツーリズムの対策として、新たな観光スポットを紹介し、これまでとは異なるサマルカンドの魅力を発信していく必要性も感じていた。伊藤氏とのやり取りの中で、学生たちと共に帝政時代の建築を調べ、その成果を地図としてまとめ観光客向けに発信するというプロジェクトが出来上がっていった。

　以下では、伊藤氏の協力のもと、学生たちと共に行ったサマルカンド近代建築探訪プロジェクトを通して得られた情報を紹介したい。

1）サマルカンドの市街地形成

　サマルカンドの地図（地図①）を見ると、サマルカンドが三つの異なる時代に形成された街から成っていることがわかる[3]。一つ目は、街の北東にあるアフロシヨブ遺跡（旧サマルカンド）である。アフロシヨブは13世紀にモンゴルによって破壊されるまで、都市として機能し、8世紀のアラブ侵入以前まではソグド地方[4]における最大の都市であった。現在、アフロシヨブは考古学的遺構として保護されており、街として機能していない。

　二つ目は、モンゴルによるアフロシヨブ破壊のあとに、ティムールによって再建され、

地図①：サマルカンド市街地
Google mapに筆者が加筆して作成。

繁栄を極めた街（旧市街）である。現在の市街地の東側に広がる。旧市街は政治的中心地のキョク・サロイ（現在はサマルカンド州庁舎などが建つ）、レギスタン広場やビビ・ハヌムモスクを中心とした商業エリアと、迷路のような路地に並ぶ住宅からなる。観光客が抱くサマルカンドのイメージに当てはまるのは、この旧市街であろう。

　三つ目は、市街地の西側に広がる新市街である。新市街にはサマルカンド州庁舎（旧キョク・サロイ）を起点として広くまっすぐな道が放射状に敷かれ、迷路のような路地や、イスラーム建築が印象的な旧市街とは対照的な雰囲気を持つ。新市街の中心部には、ロシア帝政時代に建てられた街並みと建築が残る。当時にはロシア新古典主義的な建築が多く建設されたこともあり、どこかヨーロッパ的な雰囲気が漂う。帝政時代の市街地の外側には、ソ連時代に形成された街並みが広がる。近年、ソ連時代の市街地では、古い集合住宅などの取り壊しと、10階建て以上の集合住宅の建設が盛んに行われている。建設活動を目の当たりにして、筆者は勝手ながらも、ウズベキスタン経済が急成長していることを実感するとともに、ソ連時代の雰囲気が急速に失われつつあることにも寂しさを覚えている。

2）新市街の形成[5]

　サマルカンド新市街の形成は、1868年のロシア軍によるサマルカンド制圧後に開始された。手はじめに、旧市街の外れから放射状に伸びる大通りの整備が1870年代に行われた。この通りは現在ではブリバール（地図②）と呼ばれる。当初は、サマルカンド征服時に将軍を務めていたアブラモフの名をとって、アブラモフ通りと呼ばれていた。通りの長さは1044メートル、幅は128メートルある。通りの中心部分は公園になっており、サマルカンド市民の憩いの場になっている。通り沿い

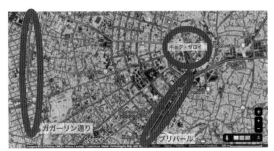

地図②：サマルカンド新市街
Google mapに筆者が加筆して作成。

と公園部分にはプラタナスなどの街路樹が植えられている。現在、街路樹は十数メートルに成長し（倒木の危険はあると思うのだが）、夏は木陰、春は新緑、秋は紅葉で人々を癒してくれる。

　ブリバール沿いには、ロシア総督の邸宅、正教会、役人の家、劇場、銀行、女子ギムナジウムなど、ロシア軍によるサマルカンド統治のために重要な施設が建設された。新市街の建設が進められる中、旧市街にはマドラサとモスクを中心とし、密集した住宅地が広がるという伝統的な街が維持された。ロシア軍の影響力は旧市街にも及びつつあったが、二つの街は分断されていた。

　1917年のロシア革命以降、旧市街のモスクやマドラサの多くは閉鎖され、倉庫などとして利用されるようになった。1930年代になると、旧市街の住民を社会主義に基づいた新しい生活に巻き込むために、これまで分断されていた新市街と旧市街を統合する案が登場した。この統合案は、第二次世界大戦後に実行された。手はじめに、新旧市街の結節点であり、ブハラ・アミールの軍事力および政治権力の象徴であったキョク・サロイの解体が行われた。続いて、レギスタン広場の前を通るレギスタン通りと、レギスタン広場からショブ・バザールをつなぐタシュケント通りの整備が行われた。また、鉄道駅からレギスタン広場をつなぐトラム電車も敷設された。これにより、新市街と旧市街のアクセスが格

段に向上した。レギスタン広場周辺の住宅は取り壊され、跡地には公園が建設された。これ以降、レギスタンとビビ・ハヌムモスクは信仰の場から観光地へと変容していった。

　1950年代に入ると、第二次世界大戦による疎開民の流入を受けて住宅の需要が高まり、新市街はより西側に拡張していくこととなる。新市街を南北に貫くガガーリン通り沿い（地図②）には四階建て集合住宅が多く建設された。1970年代にはガガーリン通りより西側のミクロライオン地区において、市場や学校など生活に必要な施設を備えた住宅建設が開始された。1970年代から80年代にかけては、さらに西側のサッテポ、ソグディアナ、ヴァムなどで工場労働者のための住宅が建設されるようになった。ソ連時代の新市街の拡張は、人口の増加とそれに伴う住宅需要の高まりによって推し進められたのである。

3）ブリバール周辺に残る帝政時代の建物

　ブリバール沿いや周辺には、現在でもロシア帝政時代に建てられた建築物が多く残る。その多くは、ロシア軍のサマルカンド征服以降にやってきたロシア人やヨーロッパ系住民のために建築されたものである。

（1）露清銀行（地図③、A、写真①）[6]

　ブリバール沿いにある水色に塗られた二階建ての建物は、1899年に露清銀行サマルカンド支店として建設された。現在は中国とウズベキスタンの交流をテーマとした博物館として利用されている。露清銀行は1896年にサンクトペテルブルグに設立され、清におけるロシアの影響力強化を主な目的としていた。中央アジアにおいては、中央アジアで事業をもくろむ外国人に対し融資をしていたようである。サマルカンド支店は1896年に地元実業家ルートヴィヒ・バウアー後援のもと開業した。開業当初は賃貸施設で営業していたが、1899年に支店建物が設立された。今でこそ

地図③：ブリバールと周辺
Google mapに筆者が加筆して作成。

建物は水色であるが、当時は雪のように白かったという。

1909年に露清銀行は破綻し、北方銀行との合併を経て露亜銀行として営業を再開した。ロシア革命後の混乱の中で1926年に露亜銀行は清算された。サマルカンド支店がいつまで営業を続けていたのかは定かではない。第二次世界大戦以降は、建物は病院、市執行委員会、知識人の家として使用された。1991年のウズベキスタン独立を経て、2000年ごろからはサマルカンド国立大学の学長室として利用されるようになった。

2022年9月にサマルカンド市で開催された上海協力機構サミットの関連イベントとして、「偉大なシルクロード：中国とウズベキスタンの黄金の遺産」と題した展覧会が開催された。これをきっかけに、この建物は博物館として利用されることになった。2023年11月現在、見学は可能である。内部は完全に装飾しなおされているが、間取りは当時の姿をとどめており、金庫として利用されていた地下のスペースもある。

（2）ロシア正教会、カトリック教会

・聖アレクサンドル・ネフスキー教会（ロシア正教会）（地図③、B、写真②）[7]

露清銀行からブリバールを歩くこと約5

写真① 露清銀行（写真はすべて筆者の撮影）

分。緑色の屋根を持つ、聖アレクサンドル・ネフスキー教会が右手に見えてくる。この教会は、20世紀初頭になされた大人数を収容できる教会建設の要請を受けて、1912年頃に設立された。建設は、F.M.ヴェルジビツキーの発案、F.V.スミルノフの設計、V.A.ヴォイツェホヴィッチの監督のもとに行われた。1917年にロシア革命が起きると、宗教に否定的な立場をとるソヴィエト政権のもと、宗教施設をとりまく状況は変化する。1930年には、聖アレクサンドル・ネフスキー教会は閉鎖された。閉鎖後には、ダンスホール、食堂、スポーツジム、軍隊のクラブなど、信仰とは異なる目的で使用された。1980年には空軍によってシャンデリアなどが持ち去られ、イコンも燃やされてしまった。

　状況が変化したのは信教の自由が保障されたペレストロイカ以降である。1988年ごろより教会再開の請願が行われるようになった。1991年に教会は司教区の管轄下に入り、1992年には建物の修復が行われた。60年の時を経て、晴れて教会としての機能を取り戻すに至ったのである。今日では、パスハ（復活大祭）をはじめとするさまざまな行事が行われ、信徒が集う場となっている。

・バプテスト聖ヨハネ教区教会（カトリック教会）（地図③、C、写真③）[8]

　聖アレクサンドル・ネフスキー教会から程近くには、バプテスト聖ヨハネ教区教会がある。この教会は、20世紀初頭のポーランド人とドイツ人を主としたサマルカンドのカトリックコミュニティの要請によって、1916年に建築家ネリーの設計により建設された。しかし、教会としての役割を果たしたのは、ソヴィエト連邦が成立するまでのわずか数年であった。建物はソ連時代の約70年にわたり、「労働スポーツ協会」の施設として使用された。現在でも敷地内にあるバスケットコートは、この建物がスポーツ関連施設として使

写真② ロシア正教会

写真③ カトリック教会

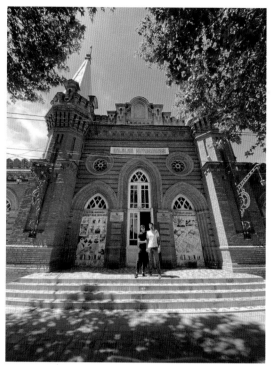

写真④ 児童図書館

用されていた頃の名残だろうか。

　1998年に、建物は大統領令に基づきカトリック教会に返還された。その後ヴァチカンとドイツおよびアメリカの財団の支援により建物の修復が行われ、教会として再び利用されるようになった。現在では火曜日から土曜日の17時と日曜の10時30分からミサが行われている。

（3）サマルカンド州立児童図書館 (地図③、D、写真④) [9]

　バプテスト聖ヨハネ教区教会から、アミール・ティムール通り方向に2ブロック歩いたところに、サマルカンド州立児童図書館がある。この建物は1911年に人民の家として設立された。人民の家とは、ロシア帝政時代の一般大衆に開かれた文化・教育施設である。設立当初は、建物の半分は図書館で半分は博物館だった。後に蔵書が増えたことにより、博物館部分は新市街にあるユダヤ人商人の元邸宅に移転した。この建物は、設立時から一貫して図書館として利用され続けている点で、上述の三つの建物とは異なる。

　1937年にはこの施設はプーシキン図書館と名付けられた。その後さらに蔵書が増えたため、1970年にプーシキン図書館はブリバール沿いの建物に移転した。以来この建物は児童図書館として活用されている。

　建物の内部は、エントランスホール、低学年向けの閲覧室と高学年から大学生向けの閲覧室、書庫、事務室からなる。エントランスホールの天井部分にはシンプルながらステンドグラスがあり、光の加減でエントランスが美しく彩られる。

3．近代建築探訪を通して

　ここまで紹介した建築物の他に、授業では、女子ギムナジウム（現サマルカンド国立大学生物学部）、アルメニア教会、ロシア軍司令部（現サマルカンド市庁舎）を見学した。建物見学の際には、可能であれば詳しい人に説明しても

らい、建物の情報を得た。情報がある程度集まったのちに、伊藤氏が活動するサマルカンド観光案内所で地図作りを行った。

近代建築探訪プロジェクトを通して、現在のサマルカンドは異なる時代に形成された街から成っていること、観光地として注目を集めているのはティムール朝以降に形成された旧市街であることが改めて見えてきた。ロシア帝政時代以降に形成された新市街には、サマルカンドの近現代史を覗える建築が現役利用されながら残っている。また、新市街には歴史的建造物だけでなく、役所、高等教育機関、ショッピングモール、レストランや娯楽施設など人々の生活に重要な施設が多くある。新市街に住む人も多い。人々にとって、新市街も重要なサマルカンドの一部なのである。

学生の多くは、帝政時代の建物について学んだのは初めてのようだった。「自分はムスリムなのだから、ロシア人が作った建築物は我々の文化ではない」と主張する学生もいれば、「ロシア軍によるサマルカンド統治も私たちの歴史なのだから、勉強するべきだ」と述べる学生もいた。また、帝政時代の建築物の積極的な保護や宣伝が、ウズベキスタンとロシア関係に及ぼす影響について、多少の懸念を抱く学生もいた。

学生たちにとって、サマルカンド近代建築探訪から見えてきたのは、ティムール朝期の文化の中心地としての栄光の歴史ではなく、植民地支配や社会主義体制下での時に苦難を伴った近代化の記憶だったかもしれない。しかし、中央アジアの近現代史を多角的に学ぶ機会が少ない現在のウズベキスタンにおいて、筆者は、できるだけ客観的に近現代史を学び、自分が住む街に対する理解を深める機会を提供することに意味はあると考えている。

本稿で紹介した建築以外にも、サマルカンド市内にはロシア帝政時代、ソ連時代に建てられた建築が数多くある。その中には、ウズベキスタンの経済成長を背景に取り壊されてしまう建築もある。また、履歴が不明な建築も多い。今後も授業の一環として、建築探訪と情報収集を継続し、近代建築地図をアップデートしていきたい。

注

1 https://whc.unesco.org/en/list/603/（2023年11月2日閲覧）
2 オリジナリティを損なう修復や歴史的町並みの取り壊しなど、ユネスコの方針にそぐわない観光開発も行われている。
3 近年の経済成長と人口増加により、サマルカンド市街地は急速に拡大している。現状は、正確にはアフロシヨブ、旧市街、新市街の外側にさらに新しい市街地が拡張しつつある。
4 ザラフシャン川流域の古称。現在のサマルカンド州、ブハラ州、タジキスタンのソグド州のあたりを指す。
5 Buttino, Marco. 2013. "Samarkand: Colonial, Soviet and Post-soviet Policies of Urban Change", In Cultural Transfers in Central Asia: Before, during after the Silk Road, Paris-Samarkand: IICAS, pp: 236-244. に基づく。
6 博物館係員からの説明に基づく（2023年4月26日）。
7 http://hram-alekseevskii.ru/istoriya-svyato-aleksievskogo-sobora/（2023年11月2日閲覧）に基づく。
8 教会発行のリーフレット"Roman catholic church The parish of Saint John the Baptist in Samarkand"に基づく。
9 児童図書館職員からの説明に基づく（2023年5月3日）。

（そうの　ふもと　シルクロード国際観光文化遺産大学）

ロシア憲法裁判所と国体護持：93年十月政変30周年に際して

渋谷　謙次郎

ゾーリキン憲法裁長官再任

プーチン大統領は現在71歳だが、2023年9月に憲法裁判所長官として再任、しかも「7選」されたヴァレリー・ゾーリキン氏は80歳である。バイデン氏やトランプ氏と比べても比較的「若い」プーチン大統領と「長老」、「賢者」の風格を醸し出しているかのようなゾーリキン長官は、ロシアの国家主権護持のいわば双璧といえる（これに議会を加えるならば三権は抑制と均衡にもとづいて「分立」しているというよりも「協働」している）。

エリツィン時代をよく知る者であれば、「ゾーリキン？あの93年十月政変でエリツィン大統領に盾突いた憲法裁長官（直後に辞任）のことでは？」と思われるかもしれないが、そう、同一人物である。当時は異例の若さで長官に就任し、なおかつロシアで生まれかけた権力分立の闘士だったかもしれないが、プーチン時代の2003年に憲法裁長官に返り咲き（すでに「ロシア連邦法律功労者」の称号を授けられていた）、その後、多くのプーチン肝いりの国策関連の諸法規についての合憲判断を主導してきた。

憲法裁判事は70歳定年だが長官には適用されない（2010年の憲法裁判所法改正）。大統領であれ憲法裁長官であれ、一般規定の改正を通じて、その実、特定人物のために任期を延長したり多選の道を開いたりするのは、ロシア法のお家芸ともいえる。

かつて憲法裁長官は、判事の互選によっていたが、これもプーチン時代の憲法裁判所法改正で、大統領提案にもとづく上院任命となった（現在、憲法にも明文化）。上院のヴァレンチナ・マトヴィエンコ議長はゾーリキン長官が再任された際に、最大級ともとれる賛辞を述べている。

「ロシア憲法裁判所は、わが国の法システムの結節点のひとつである。ほかならぬ憲法裁長官は、高い職業的な資質と経験、国家性と愛国心、そして何よりも、公明正大さと忠実さが要求される非常に特殊で稀有な公職者である。ヴァレリー・ドミトリエヴィチ・ゾーリキン氏はこれらの資質をあまねく有しており、そのことは、わが国の直近の歴史における数々の困難な局面を含む諸状況の中で証明されてきた。」（タス通信、2023年9月25日の報道）

憲法裁長官が「高い職業的な資質と経験」を求められるのはいいとしても、それに「国家性と愛国心」（ガスダールストヴェンナスチ・イ・パトリオチーズム）が加わるのは、現代のロシアの世相を反映している。

国体、憲法体制

ちなみに私はここでロシア語の「ガスダールストヴェンナスチ」に、とりあえず「国家性」と当たり障りのない訳語をあてがったが、文脈的ニュアンスをくむのであれば、戦前の日本の用語を拝借して「国体」とか「国体護持」性に近くなるのではないだろうか。

「ガスダールストヴェンナスチ」という用語は社会科学文献などで「国家体制」などを指す一般用語として時折登場することがあるが、憲法学や憲法裁決定では、類似の用語として「憲法体制」（コンスティトゥツィオンヌイ・ストロイ）が公式的に用いられることが多く、なおかつそれを支える個々のパーツとして「憲法的価値」がある。

「憲法体制」は、独語のVerfassung、英語のconstitutionのように、現にある権力関係、体

制という意味に近い。もちろん、「憲法」体制だから論理的には憲法によって規律された権力関係、立憲体制という意味になるが、戦前の日本では「国体」とは、ともすると人為的に制定された憲法の成文規範に先立つような「何か」、「深層（古層）」であった。明治時代、穂積八束のような法学者は、憲法は変わっても国体は変わらないがごとく、国体を、万古不易のように描き出していた。それを引き継いでいく上杉慎吉の国体論に、美濃部達吉が専制の偽装性を嗅ぎ取って批判的距離を置いたのも、無理からぬことであった。

2020年のロシア憲法修正では、近代的・現代的立憲主義の遺産を受け継ぐ第1章「憲法体制の基本原則」、第2章「人および市民の権利と自由」という、いわば「総則」の部分（改正のハードルが高い硬性部分）には手をつけずに、他章で国家主義的ないし復古的ともとれる条項の数々を付け加えた。一例をあげれば次のような規定である。

「ロシア連邦は、千年にわたる歴史によって結び付けられ、神の理想と信仰、ロシア国家の継承と発展を我々に伝えた先祖の記憶を維持しつつ、歴史的に形成された国家の統一を認める。」（67条の1の2項）

ロシア人が「ロシア千年の歴史」を自認するのはよく知られているが（現在、「キエフ＝ロシア」時代の記述をめぐって手を焼いている）、万世一系などとはいわないまでも、千年にわたって「歴史的に形成された国家」が、いわば「ガスダールストヴェンナスチ」＝国体あるいは「国のカタチ」なるものだろう。むろん、その間、リューリク王朝が途絶え「動乱」の時代となったり、ロマノフ王朝も1917年の革命で途絶え、その後ソ連が誕生したり（「ロシア」は「ソ連」の中に埋没していた）、やがてソ連も解体する。にもかかわらず「神の理想

と信仰、ロシア国家の継承と発展」を先祖が伝えてくれたというわけである。

多くの著作や論評記事でも知られるゾーリキン長官は、近著『カオスに対峙する法』の改訂版の中で、はからずもこの新設条項に触れ、次のように述べている。

「ここに憲法レベルで、歴史的な継承性と現代の実践の中での全ロシア的な国家的＝法的アイデンティティの理念が表現されている。もしわが国で憲法的な外貌において、このような共通の国家的アイデンティティがなければ、いったい何があるというのか。」（『カオスに対峙する法』モスクワ、2023年改訂版、236頁）

むろん憲法裁長官としてゾーリキン氏は、ロシアの国家的アイデンティティをもっぱら古い伝統や文化のみに見出すのではなく、ロシア憲法第1章で掲げられている民主的連邦制法治国家や人権の優越的価値という制憲的理念（これらもまた「憲法的価値」でもある）をむしろ重視する。しかし自著で「憲法アイデンティティ」というコンセプトを濫発するゾーリキン長官は、グローバル社会に対峙するロシアの国家主権と国民統合を重視する中で、ロシア独自のアイデンティティや歴史性を再発見し、それらを「憲法的価値」に取り込もうとし、その総体が「憲法アイデンティティ」である。それらはゾーリキン長官固有の思想というよりは、「国民の意思」としての憲法の各種規範の総体を合理的に説明しようとする苦闘の現れなのかもしれないが。

こうした「憲法アイデンティティ」化現象は、2010年代以降、欧州人権裁判所とロシア憲法裁判所との確執が露わになり、国際情勢としては西側との対立が深まる中で顕著になっていった。2020年の憲法修正は、その中間総括であった（中間といったのは、近い将

来、さらに新憲法制定のような議題が日程にのぼるかどうか、現時点では不確定であるため）。

そうした趨勢とあいまって、違憲の疑義が生じるような市民社会統制色の強い諸法規についても、憲法訴訟になった際、合憲判断が続いてきた。

国策を追認する憲法裁判決

2012年の非営利団体法改正によって付加された、「イノアゲント」（外国のエージェント）規定、すなわち外国から資金援助を受けているNPO・NGOなどは、その旨、対外的に表示し、資金の流れについて法務省の定期的チェックを受ける法規についても、2014年4月の憲法裁判決は、そうした規定自体が、国家の側から該当団体への否定的評価を与えるものではなく、社会団体の活動そのものを規制するわけではないとの理由で、社会団体の活動の自由を侵害しないとした（ちなみに外国メディアにロシアの司法権の従属性を批判して辞任の圧力がかかったことで知られるヤロスラフ・ツェフ判事は、個別意見で「イノアゲント」規定の違憲性を主張している）。

市民社会統制色の強い法規が、自由や人権を規制しているわけではないという立法趣旨の建前的な論法は、2013年に連邦法化された、「非伝統的性的関係」の未成年へのプロパガンダ（実質的にはLGBT関連の情報流布がそこに包括される）に行政罰を科す法規をめぐる憲法裁判決についても言える。2014年9月の判決は、当該法規が家族の価値尊重や児童・未成年の発育などの重要な憲法的価値の擁護のために、公的言動を対象としたもので、個人の性的自己決定やプライヴァシーを侵害しているわけではなく、「非伝統的性的関係」自体を禁止したものではないとして、憲法に違反しないと結論付けた。

検察による非営利団体に対する合法性監督の一環として、当該団体に内部文書の提出を義務付けた検察庁法の違憲性を主張して人権団体が提起した憲法訴訟においても、2015年2月の憲法裁判決において、合法性や国家的・社会的安全、他人の権利と自由およびその他の憲法的価値の保護の点から憲法に反しないと結論付けられている。

2020年3月には、連邦議会で採択された改憲法案について、憲法裁は、大統領の求めに応じて憲法第1・第2・第9章（憲法体制の基本原則・人および市民の権利と自由・改憲手続）との適合性に関する結論（ザクリュチェーニエ）を発している。あらかじめ予想できたことではあるが、憲法裁は、多箇所にわたる憲法修正条項すべてについて、「総則」としての第1・第2・第9章に矛盾しないと結論付けている。

ウクライナ侵攻が始まった後には、ロシア軍の活動に関する信用低下を意図して流布された言動を規制する法規（行政的法違反法典と刑法典に同様な規定が盛り込まれた）が、思想、言論の自由、集会の自由を侵害し、違憲だとする憲法訴訟が提起された。2023年5月の憲法裁決定（「判決」ではなく訴えを棄却する決定）は言う。ロシア連邦憲法は、憲法で保障された人および市民の権利と自由がロシア連邦の憲法体制の否定のために行使されることを前提かつ許容していない。ロシア連邦の多民族からなる人民によって形成された国家が、ひとつの憲法的価値であり、祖国の防衛は、憲法的・法律的な義務であるのみならず、何よりもロシア連邦市民の責務でもある。連邦の立法者は、法秩序、社会の秩序と安全およびその他のロシア憲法によって維持される価値を侵害する行為を防止するために、法的規制を実施する権限および義務を有する。何をもってして軍への信用の低下とみなすのかについて、立法者があらかじめ具体化している必要性はなく、事件審理の際に定められ得る。また当該規定が、特定のイデオロギーを強要

したものではなく、ましてや法律で禁止されている戦争宣伝を目的としたものではない。以上のような論法にもとづいて、憲法裁は、憲法的な法秩序の維持の観点から合憲だと述べている。

憲法体制を覆そうとする言動は、プーチン政権初期に制定された「過激活動防止法」により規制対象とされてきたが、今や軍の活動に関する信用低下を意図した言動（実質的には反戦メッセージなどもここに包括される）が憲法体制の護持、ひいては祖国防衛などの個々の憲法的価値に抵触するという論法に近づいている。

「憲法体制の護持」という名目は、憲法裁はもとより検察を含む「法維持機関」によって、例えば「過激団体」の解散請求などにおいて、とられることが多いが、ともするとそれは「国体護持」の隠れ蓑になっている印象が払拭できない。

「ゾーリキン・コート」？

2000年代に入って、権力側に都合のよい数々の判決を出したモスクワ市バスマンヌィ地区裁判所にちなんで「バスマンヌィ司法」、オリガ・エゴーロヴァ所長の支配していたモスクワ市裁判所の「モス・ゴロ・スタンプ」（判で押したような判決を出すモスクワ市裁判所）といった揶揄的表現が人口に膾炙したが、果たして「ゾーリキン・コート」がそれに連なる栄誉ある地位を占めるかどうか。

なお、ゾーリキン長官の名誉のために言っておけば、旧憲法体制下（91年-93年10月）でのゾーリキン長官の憲法裁判所は、冒頭でも少し触れたが、当時のエリツィン大統領の大統領令の数々（共産党の活動停止命令や議会の活動停止命令など）に違憲判断を出していた。とはいえ93年十月政変を経て、生まれかけた権力分立が二重権力化して武力決戦にいたったトラウマを回避するためにも、現代の「ゾーリキン・コート」は対内的にも対外的にも「カオスに抗する」法の維持機関の頂点に立っているのだろう。分散化と集権化を周期的に繰り返すロシア史においては、その中間の均衡があまり見られない。

比較憲法学者メドシェフスキーは現代ロシアの権威主義的体制を立憲主義への過渡期とみなしていたが、93年十月政変から30年を経て、むしろ「かろうじて立憲主義」が「外見的立憲主義」に傾斜したといい得るのかもしれない。

（しぶや　けんじろう　早稲田大学/ロシア法）

ザミャーチンの脚本と
ルノワールの映画の差について
中野 幸男

　ちょうど先日、Wikipediaのロシア語版を見ていると自分の業績が使われている箇所があり、ザミャーチンの項でした。確かにロシアで発表した『エヴゲニー・ザミャーチンとジャン・ルノワール』で、その当時は大家のローザンヌ大学教授のレオニード・ゲレルと論集でテーマが被ったこともあり、撤回しようかと考えていたのですが、編集者の希望もありそのまま載せたものです[1]。蓋を開けると何も重ならない、大御所と研究員なので分量も内容も大きく違いました。Wikipediaは誰でも編集可能なのでこの文章が掲載される頃には消えているかもしれませんが、ロシア語圏の研究者の方が参照してくださったのだろうと思います。

　エヴゲーニー・イワーノヴィチ・ザミャーチン（1884年―1937年）はいろいろと縁を作ってくれる作家で、アメリカの学会で同じような亡命文学を研究している研究者と立ち話をしているうちに、論文を書くことになったり、ロシアで行われた研究会に招待されたりするようになりました。そこで話していたテキサスのクック夫妻はその後もいろんな場所で会っています。ザミャーチンは今でも発掘中の作家の一人で、細かい発見が蓄積されて次の世代の研究につながっていくのですが、国内外の研究を考えても、立ち話が次の研究環境を作ってきたようなところがあります。主に研究員の頃ですが、アーカイヴでたまたま知り合った中国の社会科学研究院の研究者リュウ・ウェンフェイとスタンフォードのカフェで話していたら、同じ亡命文学の研究者だったこともあり、4時間くらい座り込んで

ブロツキーについて話していたことがあります。その続きは彼に呼ばれた中国ロシア文学会で何度も続けられました。まだ職についていない頃だったので、とにかくは業績を増やそうとアメリカだろうと中国だろうとロシアだろうと、ところ構わず書類を出し続けていたからかもしれません。

　ザミャーチンは謎の多い作家で、1927年に『われら』がチェコスロヴァキアの亡命ロシア雑誌『ロシアの意思』に出版された際に、1925年のソ連では出版禁止になっていたので、まだロシア国内にいたザミャーチン本人に危害が及ばないように、当時編集をしていた文学史家・文芸評論家としても知られるマルク・スローニムがすでに出版されていた英訳と対照しつつ「チェコ語からの再翻訳」をしたということになっています。最近の研究では、英訳もチェコ語訳も使用していなかった、ただの編集版という説もあります。実際に、ニューヨーク公立図書館にはこの『ロシアの意思』の原本があり、ニューヨークでコロンビア大学バフメテフ図書館アーカイヴに通っていた時期に合間を見て通っていました。ニューヨーク公立図書館はナボコフの原稿を保管していることも有名ですが、ナボコフは権利関係が厳しいので使うためには著作権者まで連絡を取らないといけないかもしれません。ニューヨーク公立図書館は観光地としても有名なので、美しい図書館の閲覧室で本を読んでいると、隣を観光客が歩いていきます。チェコスロヴァキア時代の雑誌で、所蔵されていた『ロシアの意志』はかなり傷んだ雑誌だったので、直接本に圧力をかけない撮影方法でコピーを作ってもらいました。『われら』はロシア語原文のニューヨークのチェーホフ記念出版社での1952年の出版以前にも、英語、フランス語、チェコ語の翻訳が存在しており、オーウェルはフランス語で読んでいます。ザミャーチン本人が亡くなる1937年から続い

た未亡人の尽力によりロシア語で出版されました。ザミャーチン『われら』ほど出版史が議論されている作家もそんなにいません。近年オックスフォード大学のジュリー・カーティスの研究で有名になったニューヨーク州立大学にあるタイプ原稿や、『ロシアの意思』版の『われら』など様々な他の版まで、現在も世界中の研究者が研究を続けています。

　ザミャーチンは子供がいなかったのでフランス亡命後は妻のリュドミラと二人で暮らし、亡命中には映画に関係する仕事もしていました。一番有名なのは画家ピエール＝オーギュスト・ルノワールの息子の映画監督ジャン・ルノワールの『どん底』の脚本です。ゴーリキーの戯曲の脚本をザミャーチンが書くことになり、実際に書いています。ただ、これもかなり疑問の残る話で、ザミャーチンはそこまでフランス語能力があったのか、ということがまず気になります。またダイアローグ（会話部分）と別れているフランス式の脚本を彼がどこまで書いたのかというのも謎でした。こちらは色々と資料がありましたので、ジャン・ルノワールや周辺人物の伝記などを調べながら、ザミャーチンとその協力者であるロシアのバックグラウンドを持つジャック・コンパニェーエツについてまとめたものをロシア語では書いて発表しました。その情報がロシア語版のWikipediaに使用されていたわけです。

　ジャン・ルノワールにゴーリキーの戯曲を提案したのは映画プロデューサーのアレクサンドル・カメンカでした。1936年8月3日の書類では、ダイアローグの部分はベルギー人の脚本家シャルル・スパークが担当し、脚本はザミャーチン、監督はルノワールになっていました。ジャン・ルノワールとしてもこの提案を引き受けたのは、『大いなる幻影』の構想を練っていた彼がジャン・ギャバンのような大物俳優と一緒に仕事をすることで将来に

計画している大作への足がかりを期待していたのではないかと考えられています。ザミャーチンとコンパニェーエツは一緒に1936年7月9日に契約書にサインしています。結果から言うと、この二人が共作で作り上げた脚本は、シャルル・スパークとジャン・ルノワールの元で完全に別の作品に作り変えられます。二人が提出した脚本をルノワールは「とても詩的だが、撮影は完全に不可能」と考えていました。今ではザミャーチンのルノワール監督作の『どん底』における役割というのは「コンサルタント」のようなものだったと考えられています。つまり、ゴーリキーその人を個人的に知り、彼の作品も知っており、ロシア人の視点から脚本の進展を見守ることのできる人間という役割でした。アルバトロスのアーカイヴにはこの当時のスパークとコンパニェーエツのコメントが残っており「男爵がカードをしているシーンが多すぎる」「アンナの病死のシーンが病的すぎる」「（ペーペルになぜ拳銃がないのか）私たちには理解できない」あるいは「観客は理解できない」とも書いてありました。

　ザミャーチン夫妻は1932年にゴーリキーの手助けでフランスに亡命することが可能になりました。『どん底』の他にも『アッティラ』『囚われの王』『ゴヤの偉大なる愛』『スペードの女王』『タラス・ブーリバ』などの脚本を書いていました。1932年にはザミャーチンが『アッティラ』が向いていると考えていたアメリカの映画監督セシル・B・デミルとも会う約束をしていました。

　1936年11月にはジャン・ルノワールは「1902年ロシアの時代の雰囲気の正確な再現」「現代で出来事の時間と場所を明確にする」「特定の時間と場所を指定しない、不明確なままにしておく」というアダプテーションの方向性を考えていました。ジャン・ルノワール自身は1902年のロシアを正確に再現

するつもりだったのですが、予算が足りず、セットが偽物になるだろうとも考えていました。

映画主演のジャン・ギャバンは1936年7月21日に契約書にサインしています。彼も映画をロシア化せずに、ゴーリキーの戯曲に基づく人間ドラマを撮るつもりでした。一説では、アラゴンを代表とするフランス共産党が、ロシア人や共産党から貧困を連想させないように「ロシア」のまま映画を撮ることに反対したとも言われています。ルノワールとスパークはザミャーチンとコンパニェーエツの脚本に修正を加え、ロシアとフランスの折衷になり、その結果として映画のエンディングも役者の自殺からペーペルとナターシャの逃走に変えられることになりました。

映画を見た方はわかると思いますが、黒澤明版とも対照的な終わり方をしています。役者の自殺で終わる悲劇が、ナターシャとペーペルが手を繋いで歩いていくハッピーエンドになったのはどういう理由があるのだろうと以前から気にしていました。暗いロシア的な悲劇を好まないフランス人の好みかと思いましたし、何か理由があるのだと思っていました。理由としては金銭的理由と、ジャン・ルノワールとシャルル・スパークにより、ザミャーチンとコンパニェーエツの1902年のロシアを舞台とした脚本が大きく書き換えられたことによります。

ザミャーチンは1937年3月10日にパリで亡くなっています。葬儀にはスローニムやツヴェターエヴァをはじめとする友人たちが集まりました。ザミャーチンが脚本を書いた『どん底』の著者であるゴーリキー自身も1936年6月18日に亡くなっています。ジャン・ルノワールは1965年1月20日に個人的な書簡でゴーリキーは製作開始と共に亡くなったものの、彼の脚本の最初のバージョンを読んで認めてくれたことを回想しています。インタビューでは脚本と戯曲の差にも関わらず、ゴーリキーが心から認めてくれたことを語っていました。しかし一方では、ゴーリキーはカメンカに手紙で「『どん底』は、何も起こらない、全てのことが雰囲気であり、雰囲気しかない戯曲だ」と語っていました。雰囲気だけのものは映画にすることはそもそも不可能だと考えていたのかもしれません。

ザミャーチンについてはここ数年、ロシア文学の授業で『われら』の映画を扱いながら、過去に作られたチェコ人の監督ヴォイチェフ・ヤスニーのドイツ語での1981年の映画化のような国外の映像作品を紹介した後に「実はロシア国内で初の『われら』の映画作品が作られて、そろそろ公開される」という話をしていました。もう数年前の話ですが、その後コロナが始まり、国内で「そろそろ」上映されるはずの『われら』のガームレト・ドゥリヤン監督の国内制作版も公開が延期されました。そして、さらにはウクライナ戦争が始まります。「2022年末までに公開」と書かれた作品は無期限延期になっています。

内容を知っている方や、勘が良い方は気づいたかもしれませんが、いまのロシアで公開しにくい作品です。ディストピアはフィクションである限り楽しめるのですが、フィクションが現実のものと響き合い、あたかも現実のことのように読まれ、フィクションのはずが体制批判のように読まれてしまう作品、それがザミャーチン『われら』でした。ウクライナ戦争中のプーチン政権における言葉狩り的な逮捕、SNS検閲の話は「あたかも」ザミャーチン的世界のようです。映画の公開が延々と遅れた理由は、体制批判に読まれてしまうフィクションということもあるのかと思います。

ザミャーチン『われら』はオーウェル『1984』のようなディストピア作品とも響き合っていて、似た二つの作品の間には直接的なつなが

りがあります。ドミトリー・ペトローヴィチ・スビャトポルク＝ミルスキー（英語圏ではD.S.Mirskyとして知られています）というロンドン大学で教えた亡命ロシア人のソ連帰国後に、彼の書いたロシア文学史の続編を書くことをRoutledgeから依頼されたグレープ・ストルーヴェという人物がいました。彼がミルスキーのロンドン大学の後任で、後にカリフォルニア大学バークレー校スラヴ科教授となる人物です。そのストルーヴェが文学史を刊行した際にオーウェルに寄贈したことにより、彼が初めてそこでザミャーチン『われら』の存在を知り、後の『1984』のためにメモを取っていたということでした。この影響関係についてはストルーヴェ本人がまとめています。

ここまで文学が重視され、体制から上映禁止や販売禁止に合う国も、現在の日本やアメリカで考えてみても想像できない話です。日本やアメリカの政治を連想させるからという理由で小説が発禁になったことはありません。

ロシア文学の授業中、1966年のシニャフスキー＝ダニエル裁判のような「文学裁判」の話をしても、あまり信じてもらえません。世界文学研究所研究員のアンドレイ・シニャフスキーはソ連の体制と「趣味が合わない」ことが理由で、自分の引き出しのために延々と書き溜めていましたが、それを友人間で回し読みし、さらにはフランス人女子学生を通じてフランスで出版しました。その後、シニャフスキーはユーリー・ダニエルと共に逮捕されますが、発表された作品の一人称で語る主人公の反ソ的な発言が、作者シニャフスキーと一致することの証明が必要でした。全くバカな話で、一人称の登場人物が全て作者の意見だったら、多くの反社会的な意見の主人公を生み出した作者は逮捕されます。そのために、文体鑑定や、タイプライターのしみを調べることで、なんとかシニャフスキーとアブラム・テルツが同一人物であることを証明し

ようとした裁判でしたが、そこではシニャフスキーや妻のマリア・ローザノワが「文学の授業」と呼んだ「一人称の語り手＝登場人物と作者は一致しない」という文学の基本が裁判所で語られることになりました。

元々の研究の出発もシニャフスキーだったので、未亡人やその友人にも会いに行き、パロアルトやモスクワやパリで話を聞いてきました。彼らのうちの大部分は鬼籍に入っていますが、生きて会うことができただけでも感謝すべきでしょう。シニャフスキー未亡人マリア・ローザノワには、エストニアの学会で偶然知り合ったスヴェトラーナ・サモーヒナ＝トゥルーヴェというソルボンヌの学生にシニャフスキーのモスクワ大学時代の学生だったミシェル・オクチュリエを紹介してもらい、その後パリに行った際に、彼を介してマリア・ローザノワを紹介してもらい、彼女の住むフォントネー＝オー＝ローズを訪ねました。その当時は気づいていなかったのですが、ミシェル・オクチュリエの姉はマルグリット・オクチュリエといい、ジャック・デリダの妻でした。ミシェル・オクチュリエの妻であるアルフレッド・オクチュリエもアーカイヴでKGBの資料でたびたび見ていた人でした。その当時はあまりにナイーブだったので気づいていないことがいくつもあり、過去の捜査対象者に会うだけでもかなりの緊張感がある問題だったかもしれません。

注

1　Юкио Накано. Евгений Замятин и Жан Ренуар. Творческое наследие Е.И.Замятина в новых научных концепциях и гипотезах. К 135-летию со дня рождения писателя: коллективная монография. Тамбов: Принт-Сервис, 2019, С. 361-8.

（なかの　ゆきお　同志社大学グローバル地域文化学部／ロシア文学・文化）

イリヤ・カバコフの生涯

鴻野　わか菜

　2023年5月27日、長年にわたって多くの美術作品を世に送り出してきたイリヤ・カバコフが89歳で世を去った。

　カバコフは1933年、旧ソ連（現ウクライナ）のドニプロでユダヤ人の家庭に生まれ、第二次世界大戦中にタシケントに疎開。母親に対して暴君のように振る舞った父は、やがて別の家庭を持ち、母親は貧困のうちに息子を育て、息子を美術学校に入学させた。戦後、カバコフはモスクワに移住し、スリコフ記念国立モスクワ芸術大学グラフィック科に入学。だが、カバコフが美術の道を歩み始めた1950年代のソ連はいまだ文化統制下にあり、社会主義リアリズムが芸術の規範とされ、カバコフは発表のあてのない抽象的、哲学的な作品をひそかに描き溜めながら、公的には絵本の挿絵画家として活動し、生計を立てた。「自分のため」に描いた作品は、非公認の画家や詩人の仲間と形成した「モスクワ・コンセプチュアリズム・サークル」を中心に、限られた友人にアトリエやアパートで見せることができるだけだった。こうした中でカバコフは、絵と文章を組み合わせた紙芝居のような「アルバム」というジャンルを考案し、自ら仲間に読み聞かせた。

　80年代後半にカバコフは海外での展示活動を始め、その後、ドイツを経てアメリカに移住したが、50代半ばまで親しい友人にしか作品を見せる機会がなかった作家は、不特定多数の観客を対象に初めて作品を展示するにあたって、ソ連社会を知らない人々には作品の意味が伝わらないのではないかと危惧した。そこでカバコフが考案したのが、光、色、音などのあらゆる要素が組み合わさって一つの空間を作り出す大型の立体作品（全体空間芸術、トータル・インスタレーション）であり、カバコフはしばしば部屋全体、あるいは複数の部屋から成るソ連的な空間を創造した。カバコフがニューヨークで制作した最初のトータル・インスタレーション《10の人物》（1988）では、ソ連の10人の市井の人々（カバコフが作り出した架空の人物）の夢と生活を、彼らの部屋によって表現している。また、この頃から、マネージメントを手掛ける妻エミリアとの共同名義で作品を発表し始めた。

　その後もカバコフは、ソ連の学校を模した《第6小学校》（1993）、公衆トイレで暮らす人々の生活を描いた《トイレ》（1992）などのトータル・インスタレーションを制作し続けた。カバコフの作品はソ連をモチーフにしながらも、あらゆる人々の幼年時代の記憶に通じるものであったり、世界全体の収容所的状況、閉塞感を映し出したりするなど、普遍性を備えていた。カバコフの創作の根底には、あらゆる人々を記憶したいという強い願いがあり、生活の記憶の象徴としてのゴミを用いた《16本のロープ》（1984年以降、繰り返し制作）、共同住宅の台所で交わされた人々の言葉に捧げられた《共同キッチン》（1991）などを制作したが、その集大成となったのが、

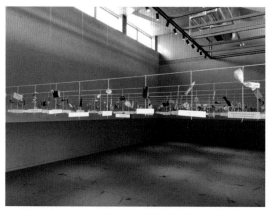

イリヤ＆エミリア・カバコフ《16本のロープ》1984/2021、越後妻有里山現代美術館 MonET

ソ連の市井の人々の夢の博物館として構想された《プロジェクト宮殿》(1998)である。いずれも架空の人物であるが、様々なソ連人の夢を、荒唐無稽な夢から実現しなかった夢も含めて、絵とオブジェとテクストで保存するというコンセプトの本作は、苦しい状況で人々が夢を見続けることへの尊敬と共感が示されている。

《プロジェクト宮殿》以降のカバコフは、作家の死後の運命と美術史のあり方への関心を深めていく。美術史に浮上してこない忘れられた作家を主題とする《だれもが未来につれていってもらえるわけではない》(2001)、古い流派が新しい流派によって否定されることの是非を問う《私たちの場所はどこ》(2003)等の作品が生まれた。1999年に水戸芸術館で発表された《シャルル・ローゼンタールの人生と創造》も、美術史における忘却の問題に焦点を当てると同時に、カバコフの分身のような架空のユダヤ人作家を主人公とすることで、長らく封印していたユダヤのモチーフに取り組んだ。

カバコフの作品には初期から一貫して、美術作品を見ることで救いを得るという主題が存在するが、初期の作品では、一人で作品を見て一人で救われるという個人的な物語が主流だったのに対し、後期は、一つの作品を大勢で見ることで、美術によって人がつながり、交流が生まれることへの願いをこめた作品が増えていった。2021年12月に「大地の芸術祭」の里である越後妻有に設置された《手をたずさえる塔》は、女神のような人物像のモニュメントを共に眺めることで、国、民族、文化、宗教を超えてつながり、手をたずさえようとする作品である。この作品は、カバコフの晩年の代表作となった。

越後妻有とカバコフの関わりは深く、2000年の第1回「大地の芸術祭」では、豪雪の地で米作りを続けてきた人々に捧げる《棚田》

イリヤ＆エミリア・カバコフ　手をたずさえる塔
2021 大地の芸術祭　Photo:中村脩

を制作。その後も、カバコフ自身の人生をかたどったかのような《人生のアーチ》(2015)、先述の《16本のロープ》や《プロジェクト宮殿》の再制作を含め、全9点の作品が「カバコフの夢」として常設設置され、世界でも有数のカバコフの作品群が生まれた。2024年夏の第9回「大地の芸術祭」では、カバコフのドローイングを通じて彼の生涯と創作の軌跡をたどる展覧会が開催される。カバコフが美術大学卒業制作として取り組んだイディッシュ作家ショレム・アレイヘムの小説『さまよえる星』の挿画(1956-57)も世界で初公開される。

筆者は、2015年、カバコフのドローイングの調査のため、ニューヨーク州ロングアイランドのカバコフ邸に一ヶ月住み込んだことがあった。その時のカバコフの言葉や様子をいくつか書き残しておきたい。

カバコフは、自身のユダヤ人としての自意識に基づいて、『さまよえる星』の挿画を夢中になって描いたという。制作準備のためにユダヤの古い集落をめぐり、彼らの生活に思いを馳せた。絵本画家としては、イディッシュ作家ブジ・オレフスキの『オーシャと友達』の挿絵（1956-57）も描いた。だが、心をこめて描き、ユダヤ人の生活や表情を鮮やかに映し出す感動的な挿画になったために、ユダヤ人に対して同情や共感が高まることを望んでいなかった検閲者達の意向によって、ユダヤのテーマの挿画注文が二度と来なくなったとカバコフは語っていた。

カバコフは、自伝においても、ソ連で制作していた頃は、いつか秘密警察が自分のアパートに踏み込んできて、逮捕されるのではと心配していたと書いているが、その光景を描いた未公開の古い二枚のドローイングも見せてくれた。恐怖に取り憑かれたために、その光景を描かずにはいられなかったのだという。そのトラウマは後年になっても消えることはなかった。エミリアが言うには、イリヤは2000年代に展覧会開催のためにロシアを訪れた際、ロシアでは身分証の携帯が義務付けられているのにパスポートをホテルに置いたまま一人で散歩に出かけ、通りすがりの警官にパスポート提示を求められて、パニックに陥った。緊張して弁明もできず、体が弱いのに全速力でホテルに駆け込み、その後も長い間、気持ちが落ち着くことはなかったという。

カバコフは、私の滞在中、《リヴァイアサン》（2015）という連作ドローイングを制作していた。人々を呑み込んだ巨大な魚の絵を見せてくれながら、これは現在のロシアの悪い政治と、それと戦う人々を表しているのだと説明した。2014年のクリミア侵攻以来、ウクライナ出身でロシアとも縁の深いカバコフは苦しみを深めていた。

カバコフは海辺に住み、元気だった頃は朝、海で泳いでからキャンヴァスに向かったというが、2015年当時は、具合の良い日は朝から静かに絵を描き、昼食の後、しばらく体を休め、再び夜まで制作を続けていた。重い神経痛に悩まされ、終日起き上がれない日もあった。エミリアは、カバコフのアトリエのすぐ外に自分の執務机を置き、外部との交渉を一手に引き受けていた。彼女はまるで関所のような存在で、イリヤが制作に集中できるように、アトリエの中に外部の喧騒や雑事が入り込むのを防いでいた。

2022年2月のウクライナ侵攻開始にイリヤは大きな衝撃を受け、しばらく制作することができなくなった。その後、戦争と死を主題にする作品を描き始めたが、恐ろしい絵であり、公開は考えていないとエミリアは語る。

イリヤは筆者に、「自分はアメリカで長年暮らしているが、アメリカの美術界は結局はアメリカ人の作家しか評価していない」と語っていた。ウクライナで生まれ、ロシアで暮らし、アメリカに移住した自分には、本当の居場所はどこにもないと話していた。

イリヤは、貧困、検閲、戦争、孤独、病など、その時々で様々な苦しみを抱えながらも多くの作品を作り、困難な人生の中でも人は夢をみて創造できることを示してくれた。彼が亡くなった時、知人や親族は「天使が飛び去った」と語ったが、イリヤは心優しく穏やかで情が深く、まさしく、彼がしばしば描いた天使のような人だった。彼は今こそ本当の居場所に還り、安らぎを得ているのだと思う。

文献紹介

沼野充義編著『イリヤ・カバコフの芸術』（五柳書院、1999年）

鴻野わか菜・北川フラム『カバコフの夢』（現代企画室、2021年）

（こうの　わかな　早稲田大学教育・総合科学学術院／ロシア東欧文化）

ロシア音楽の帝国性を考える
グリンカとボロディンを中心に

梅津　紀雄

ウクライナ戦争勃発以後、ウクライナ文化が脚光を浴びるようになった。その結果として、従来「ロシア」の名において語られてきた様々な諸事象に、ウクライナ起源のものが含まれていることも認識されるようになった。音楽においても、従来広く「ロシア」としてくくられていたものが見直される一方で、ウクライナの作曲家、音楽家、ウクライナ音楽の歴史が脚光を浴びるようになった。

しかし、それは本来ウクライナに限ったことではなかった。「ロシア」としてくくられてきたものの中には、ロシア帝国内やソ連邦内の（ときにはその周辺の）諸民族など、様々な異文化が含まれており、しばしばそうした要素の存在がロシア文化・ロシア音楽の特質と見なされてきた事実がある。そうした事実をここではロシア文化あるいはロシア音楽の帝国性と呼ぶこととし、そのいくつかの側面を検討してみたい。

「ロシア」の含意するもの

『ロシア帝国論』において高田和夫が「ロシア史研究においてはロシア帝国をあたかもロシア人の国民国家とみなして議論することが長く」と述べたように[1]、ロシア音楽史の叙述も、一般にはロシアをロシア人の国民国家とみなして叙述されることが多かった。そうした状況の背景の一つは「ロシア/ロシア人」が伸縮自在な概念であり、文脈によって異なる含意を持っていることにあるのではないか[2]。「ロシア（人）」はロシア帝国（臣民）やソ連（人）の代名詞となり、「ロシアの古名」と説明される「ルーシ」にとって変わることすら稀では

なかった。例えば、ボロディンのオペラ《イーゴリ公》（1869-87）は、1185年のノヴゴロド・セーヴェルスキー公イーゴリ（1150-1202）によるポーロヴェツ遠征を描いている。主な原作は、中世ロシア文学の代表的文学作品『イーゴリ遠征物語』である。ノヴゴロド・セーヴェルスキーとは公が支配していた町の名前で、現在はウクライナ領内に属し、キエフ/キーウの北東、ロシアとの国境近くに位置しており、ウクライナ語風に記せば、ノウホロド・シーヴェルシキーとなる。加えて『イーゴリ遠征物語』を「中世ロシア文学」と規定するのはロシア文学史からの見方であり、中世ウクライナ文学の代表作とも言え、当時の文脈に即せば、キエフ/キーウ・ルーシの代表作となる。本作の台本では「ロシアРоссия」という単語は用いられず、対訳や字幕、解説で「ロシア」と訳されているのはルーシРусьであり、「ロシア人」と訳されているのは、русский（ルースキー、russian）であるが、ここではルーシРусьの形容詞に過ぎず、いわゆる東スラヴ人（ルーシの民）を指していて、「ロシア人」を指すわけではない。当時はまだ東スラヴの人々は、現在のように、ロシア、ウクライナ、ベラルーシには分化していなかったからである。

こうした「後代の現実の過去への投影[3]」には様々な例がある。プロコフィエフが映画音楽を作曲した、エイゼンシテイン監督の《アレクサンドル・ネフスキー》で中軸となるエピソードは、アレクサンドル公が勝利に導いた「氷上の戦い」（1242）である。ここでも「ルーシРусь」は通常「ロシア」と訳される。

英語圏の一例をあげよう。第1回国際チャイコフスキー・コンクール、ピアノ部門で優勝した米国人のドキュメンタリー《ヴァン・クライバーン〜コンサート・ピアニスト》では、広くソ連（人）を指していると思われる場合でも、しばしば"Russia"、"Russian"とし

て言及されている。例えば、クライバーンが
米ソ首脳会談（1987）のパーティに同席した
際のこと。彼がゴルバチョフらソ連からの客
人たちをもてなそうと、ソロヴィヨフ＝セド
イ作曲の《モスクワ郊外の夕べ》を演奏する
と、ソ連の代表団が唱和して歌い出し、場の
雰囲気が和んだことが当時の映像とともに語
られる。ソ連外相シェワルナゼ（ジョージア人）
がジェスチャーで好意を示してきたことを回
想する際、クライバーンのマネージャーだっ
たスーザン・ティリーは「so the Russians
were pulling for him too（だからロシア人たちも
彼を支持していたのです）」と述べている。

　このように、広くは「ロシア」はa）ロシア
帝国やソ連、ロシア連邦全体を指し、やや広
くはb）ルーシ、すなわち東スラヴの三民族
を指し、3）狭くはロシア語を話す人々とそ
の居住地域を指す、と考えられるだろう[4]。

ロシア帝国の領土拡張とボロディン《中央アジア（の草原）にて》

　《イーゴリ公》には後ほど立ち返ることに
して、同じボロディンの、帝国主義が指摘さ
れる作品を取り上げよう。音画《中央アジア
（の草原）にて В Средней Азии》（1880）は、彼
の人気曲として広く知られている（ロシア語
標題には「草原」の文字はなく、西欧で加えら
れた）。「音画」とは作曲家の定義で、事実上の
交響詩であり、彼の唯一の標題音楽である。
そのきっかけは1880年に予定された、皇帝
アレクサンドル2世の即位25周年を記念した
祝賀行事であった。皇帝の在位期間中に起
こった様々な出来事を音楽と活人画で描き出
すイベントが企画され、当時を代表する作曲
家たちに6分前後の楽曲が委嘱されたのであ
る。

　このイベントは実現しなかったが、協力に
応じた作曲家たちの作品が残されている。ボ
ロディン（1833-87）が取り上げたのは中央ア

ジアのロシアへの併合（1868-76）で、これは
まさに彼の壮年期の出来事だった。これらを
踏まえて、フランシス・マースは本作をロシ
ア帝国の帝国主義的侵略への「捧げ物」と評
したが[5]、その側面があることは否定し難い。
ただ、ボロディンだけが「捧げた」わけでな
かった。ムソルグスキーは《カルスの奪取》、
リムスキー＝コルサコフは《栄光》を作曲し
た。カルスは、オスマン・トルコとの間の係
争地で、露土戦争の結果、1878年にロシア
が併合し、1921年にトルコに返還するまで
領有していた。チャイコフスキーは同じ露土
戦争に関わる、モンテネグロ（1878年にセル
ビアとともに正式に独立）に関連した作品を委
嘱され、滞在中のローマにて数日で作曲して
送付したが、到着せず、紛失した。他方で未
完に終わったが、リャードフはカフカースの
トピックを選んでいた。なお、チャイコフス
キーは着手前、新作でなく既存の《スラヴ行
進曲（セルビア・ロシア行進曲）》（1876）を提
案しようとし、自ら撤回していた。これも、
同じ露土戦争に関わる作品で、セルビア民謡
と帝政ロシア国歌を用いて、ロシアの支援を
受けた（同じ正教徒の）セルビアの、（異教徒）
オスマン・トルコとの戦いを描いていた。東
方への領土拡大だけでなく、汎スラヴ主義を
も背景とした、バルカン半島に対する勢力拡
大（いわゆる南下政策）もがその「称賛」の対
象となっていることがわかる。彼らの心象地
理は、次第に拡張されるロシアの国境を超え
て、スラヴの兄弟国ないしは「勢力範囲」に
まで及んでいると言える（帝国領土の拡大とと
もに、歌詞を変えていった文部省唱歌《蛍（の光）》
が思い起こされるが、それとは少し異なる）。

　よく知られているように、《中央アジアに
て》にボロディンは標題文を添えている。こ
こでは一般に普及する文ではなく、初演の際
の標題文を引用してみよう。「中央アジアの
砂漠で平和なロシアの歌の調べが初めて聞こ

えてくる。近づきつつある馬とラクダの足音が響き、東方の調べの物憂げな響きが聞こえてくる。ロシア軍に守られた先住民の隊商が、果てしない草原を通り過ぎていく。勝者の恐るべき戦力に守られながら、隊商は、信頼して恐れずに長旅を行う。隊商はどんどん遠ざかっていく。ロシア人と先住民の平和的な調べは、一つの共通のハーモニーへと融合し、その残響は草原に長く響き渡り、そしてついに遠くへ消え去っていく。敗者と勝者の平和な節は一つの共通のハーモニーに融合し、その名残は草原に長く響き続け、そしてついに遠くへ消え去っていく[6]」。勝者の保護のもとに平和的に共存する勝者と敗者…どぎつい表現に驚かされる。確かに「勝者」「敗者」という言葉は、皇帝の治世の祝福にふさわしかったのかもしれないが、一般の演奏会の場にはそぐわないとみなされたのか、同年8月15日の2回目の演奏からは標題文では、「勝者」は「ロシア人」、「敗者」は「先住民」と書き換えられている。なお、標題文が示すように、本作は2つの主題からなり、遠くからロシアの節が近づいてきて（クラリネット）、弦楽器のピッツィカートで蹄の音が表現され、やがて東方の節（イングリッシュ・ホルン）に交代し、後半で両主題が融合し、再びロシアの節が残り、消えるように閉じられていく。

《中央アジアにて》は、ロシア音楽のオリエンタリズムの代表作である。バラーキレフ（そしてスターソフ）のもとに集った作曲家たち…いわゆるロシア5人組の人々は、西欧と自分たちの音楽を差別化するために、東方的要素を意識的に取り入れていた。具体的には、バラーキレフの交響詩《タマーラ》、東洋的幻想曲《イスラメイ》、ボロディンのオペラ《イーゴリ公》、《中央アジアにて》、リムスキー＝コルサコフの交響組曲《シェエラザード》、同《アンタール》、オペラ《金鶏》、ムソルグスキーのオペラ《ホヴァーンシチナ》などが

挙げられる。またそれらの先駆的な作品に、グリンカのオペラ《ルスランとリュドミーラ》を指摘できる。

これらの一部は、ディアギレフ率いるロシア・バレエ団（バレエ・リュス）によってバレエ化され、パリをはじめとした西欧で上演された。それらの初期のロシア・バレエ団の演目は西欧向けの輸出作品といってよく、エグゾティシズムが成功すると考えての意識的な選択の結果であった。東方的要素は、ロシア音楽の構成要素というよりは本質的要素のようにみなされる結果を産んだ[7]。

グリンカ像。サンクト・ペテルブルグ音楽院前（筆者撮影）

チャイコフスキーはグリンカの2つのオペラのうち、第1作の愛国的な《皇帝に捧げた命》をより評価していた（ゴーゴリも「国民的なモティーフ」によるオペラの「素晴らしい端緒にすぎない」と評した。この言論も彼のウクライナ/ロシア/ルーシ認識の観点で注目に値する[8]）。しかし、ペテルブルグのロシア5人組の作曲家たちは《ルスランとリュドミーラ》（1842）を様々な点でお手本にした（その典型がボロ

ディンのオペラ《イーゴリ公》だ）。《ルスランとリュドミーラ》はプーシキンの同名作品に基づき、原作とはやや異なる、ロシア帝国の領土の広がりと周辺諸民族との共存をイメージさせる叙事詩的な物語となった。

《ルスラン》は、《皇帝に捧げた命》と同様に、婚礼の中断が物語を動かす原動力となり、主人公の一人が囚われの身になる。《皇帝…》は、ポーランド兵に連行されて、実在のロマノフ王朝の初代皇帝ミハイルのために命を犠牲にした農民イヴァン・スサーニンに関する逸話が軸となる。《ルスラン》はキエフ・ルーシの時代の勇士ルスランの婚約者リュドミーラがさらわれて、恋敵とともに救出を競う。いわゆる救出オペラで、ロシアのおとぎ話オペラの系譜の先駆けとなった。ルスランの恋敵はハザール公ラトミールと、ヴァリャーグの勇士ファルラーフで、ファルラーフ（バス）は（悪い）魔女ナイーナに感化を受ける（《フィガロの結婚》のバルトロ風の）コミカルなキャラクターとして描かれる。これに対して、ラトミールは女声（アルト）で歌われ、異質な東方の人物であることが強調される。

東方の世界は第3、第4幕で描かれる。第3幕は魔女ナイーナの魔法の城がペルシャ風に表象される。ラトミールが登場する際にはイングリッシュ・ホルンが随伴し、ルスランとともに東方の女性たちに魅惑されて無力化する。これらはオリエンタリズムの定式である。第4幕はリュドミーラを誘拐したチェルノモールの悪の王国が描かれ、〈チェルノモールの行進曲〉に続いて、トルコ、アラビアの踊りとレズギンカ（カフカース）が次々に披露される（古典バレエに見られるディヴェルティスマン（余興の踊り）の先駆と言われる）。これらの踊りは原作と対応しない。原作にあるのは、ペチェネグ人の襲撃で、これは9-10世紀の現実に即している。なぜペルシャ、アラビア、トルコ、カフカースなのか。ロシア帝国は18-19世紀にカフカースをめぐってトルコやペルシャと争った。これらの地域はロシアのフロンティア（境界/係争の地）であり、19世紀のロシア人の心象地理において容易にイメージしうる異郷であったからではなかろうか。

これらの舞曲のうち、レズギンカとトルコの踊りは第5幕のフィナーレで再び現れる。チェルノモールの悪の王国を彩る踊りがなぜ、ロシア/ルーシを賛美する場面に挿入されたのか。トルコの踊りは、フィナーレではラトミールとゴリスラーヴァの二重唱に登場する。ハザール公ラトミールはリュドミーラをめぐってルスランと争うのをやめ、かつての愛人ゴリスラーヴァと結ばれる。かつての敵はルスランの忠実な友となり、ロシア/ルーシの女性の誠実な夫となる。終幕は、原作にはない、祖国を称える合唱で閉じられる。このように、ロシアは周辺諸民族を従える長兄として描かれ、オペラは帝国的な自画像の比喩となる[9]。この点において、ドストエフスキーが《ルスラン》に政治的寓意を見出していたことは興味深い[10]。

《イーゴリ公》による《ルスラン》の継承

ボロディンの《イーゴリ公》は、ポーロヴェツに息子ウラジーミルとともに遠征し、捕虜の身となり、敵の首領コンチャーク・ハンの娘コンチャコーヴナと恋仲になったウラジーミルが現地に残り、一人イーゴリ公が脱走し、プティーヴリの民に迎えられて大円団となる。《ルスラン》と同様に中世ロシア/ルーシを舞台とし、ロシア/ルーシと東方（遊牧民のポーロヴェツ）が対置されて描かれる。やはり東洋の女性コンチャコーヴナが西洋の男性ウラジーミルを虜にする。コンチャコーヴナはソプラノでなくアルトでメリスマ（一つの音節に複数の音符を割り当てる）を多用して歌われる。これはラトミール役が女声であるこ

とと同様に、東方性を示す型である。第2幕の末尾を飾る〈ポーロヴェツの踊り〉（いわゆる「だったん人の踊り」）は、コンチャーク・ハンとともに捕虜のイーゴリたちを慰安するために踊られる。そこでは西アジアの木管楽器ズルナを模倣するイングリッシュ・ホルンが多用される。これらは《ルスラン》から流用された「型」であり、東方を表象するとともに、ロシア音楽のイメージを形成するものとなり、さらにはソ連時代にも受け継がれていく。例えばアラム・ハチャトゥリャンは次のように述べている。「グリンカの《ルスラン》やバラーキレフの《タマーラ》と《イスラメイ》に見られる東洋の要素は、私にとって印象的なモデルであり、この方向への新たな創造的探求への強い衝動となった」と[11]。

　スターソフがボロディンに示した原案では、ウラジーミルはコンチャコーヴナとルーシ（プティーヴリ）に帰還し、婚礼を挙げる。ラトミールのように、東洋の女性はロシア/ルーシの保護下に服す。ボロディンはこの結末を採用しなかった。第3幕でコンチャーク・ハンは寛大に2人の婚礼を認め、ウラジーミルはポーロヴェツにとどまり、イーゴリ一人が帰還するのである。ここに両者の対立を緩和して描こうとするボロディンの意志がにじんでいるとの指摘がある[12]。

帝国性とアイデンティティ

　《イーゴリ公》の舞台の1つ、プティーヴリは現在の国境ではウクライナに属する。では、台本のルーシРусьは「ウクライナ」と訳し得るだろうか。近代以降ではどうか。ウクライナ出身の音楽家は多い。ソ連時代に限っても、スヴャトスラフ・リヒテル、ダヴィド・オイストラフ、エミール・ギレリスなど錚々たる名演奏家を挙げることができる。いわゆる「亡命ロシア人」も同様である。東京音楽学校（東京藝術大学音楽学部の前身）で教鞭をとった、

アレクサンドル・モギレフスキーやレオ・シロタは帝政ロシア/ウクライナの出身である。彼らをウクライナ人として位置づけ直すべきなのだろうか。『新グローヴ音楽事典』の初版の最終刷（1995）でダヴィド・オイストラフは"a Ukrainian violinist"と記述された（だがギレリスは"Russian"なのだから、二重基準である）。ソ連解体を受けてのことだった。日本でも「ソ連の…」と書かれてきた人々が書き換えられることがあった。これを英国の音楽評論家ノーマン・ルブレヒトは「生前一度もそのように記述されたことはない」と批判する[13]。むしろ多民族湾岸都市オデーサの出身であることが重要だ、というのである。ギレリスも、モギレフスキーも同様にオデーサの出身で、しかもユダヤ系だ。オデーサの民族構成は第二次世界大戦を経て大きく変わり、ユダヤ人が減ってウクライナ人が増大し、多民族性も減じている。「ロシア帝国オデーサ出身」と書く方が適切かもしれない（ここでは民族の歴史なのか、土地の歴史なのかという問題も見え隠れする）。現実には彼らは、ロシアとウクライナ両方の文化史に分有されていくだろう。ルーシの地をキリスト教化したウラジーミル／ヴォロディーミル聖公のように。

むすびにかえて

　少なくとも18世紀以降、ロシア帝国—ソ連—ロシア連邦…とロシアは「帝国」であり続けてきている。この間のロシア音楽の要素の多くに、ロシアとともに周辺の諸民族とその文化が含まれており、ロシアによる支配が刻印される一方で、それらによってロシア音楽がより豊かになり、西欧と異なる独自性も獲得したことは疑いない。時代が下るに連れて顕著になるのは、ロシア人による周辺文化の包摂から、周辺諸民族の表象する主体となっての台頭である。前述のハチャトゥリャン（1903-78）の創作活動は、ロシア音楽のみ

ならず、ロシア・バレエにおいても重要な貢献と認められている。彼はチフリス（現・トビリシ）近郊出身のアルメニア人で（アルメニア共和国から住居を与えられたとは言え、1921年以降はモスクワに住んだ）いわばソ連人である。先日（2023年11月2日）亡くなった指揮者テミルカーノフはカバルディノ・バルカル自治共和国の出身で、母語はカバルディ語である。マリインスキー劇場に加えて、新たにボリショイ劇場の総監督を兼務することになった指揮者ゲルギエフは北オセチアの出身で、母語はオセット語である（両劇場の管理のために帝政時代の劇場委員会の復活も取り沙汰されている）。ボリショイ劇場の前首席指揮者のソヒエフは、ウィーン・フィルとともに来日公演を終えたばかりだが、ゲルギエフ同様に北オセチアの出身である。彼らは民族的にはロシア人русский（ルースキー）ではないが、国籍はロシア人российский（ロシースキー）である。「周辺」地域によるロシア文化の「豊潤化」は続いている。北カフカースが輩出するマエストロの動向は、そのアイデンティティの重層性やウクライナ戦争との関係もあって、注目に値するが、稿を改めて論じたい。

注

1 高田和夫『ロシア帝国論 19世紀ロシアの国家・民族・歴史』平凡社、2012年、14頁。

2 長縄宣博は端的に「伸縮するロシア人」と書く（「多民族帝国―伸縮するロシア人」、沼野充義他編『ロシア文化55のキーワード』ミネルヴァ書房、2021年）。

3 栗生沢猛夫「中世「ロシア人」の「民族「意識」、『ルーシ』にみられる東スラヴ人の自己認識の問題」、『歴史を問う3　歴史と空間』岩波書店、2002年、157頁。同論文では、「ルーシ」の概念が多面的に検討されている。

4 中村喜和「ロシア」、川端香男里他監修『[新版]ロシアを知る事典』平凡社、2004年、817頁。

5 フランシス・マース『ロシア音楽史《カマーリンスカヤ》から《バービイ・ヤール》まで』森田稔、梅津紀雄、中田朱美訳、春秋社、2006年、136頁。

6 Дианин, С. А. Бородин : жизнеописание, материалы и документы. М., 1960, c.185.

7 アーサー・シモンズは「野蛮」「原始的」といったイメージをロシアと結びつけている。Arthur Symons, *Dramatis Personae*, (Indianapolis: Bobbs-Merrill Company, 1923), p.287.

8 Гоголь Н. В. Петербургские записки 1836 года // Полное собрание сочинений: Т. 8. М.-Л., 1952. C.184. なお、この前後の記述から判断する限り、ゴーゴリは「ルーシ」を東スラヴとして、その中でも「ウクライナ」を歌が豊富な地域として捉えている。

9 Marina Frolova-Walker, *Russian Music and Nationalism: From Glinka to Stalin,* (New Haven: Yale University Press, 2007), pp.122-125.

10 次女リュボーフィ（エーメ）によれば、ドストエフスキーはリュドミーラを西スラヴ人、ルスランをロシア人、チェルノモールをトルコ人、ファルラーフをオーストリア人に見立てていた。リュドミーラは、トルコ、オーストリア、ロシアが奪い合う存在であるから、プーシキンの『西スラヴ人の歌』同様、この文脈ではチェコやポーランドではなく、セルビアやモンテネグロ、ブルガリアを指すのだろう。ドストエフスキーはバレエを好まず、子どもたちをもっぱらオペラに、それももっぱら《ルスランとリュドミーラ》だけに連れていき、演目が差し替えられた際には、観劇をやめて帰ろうとしたという。*Достоевская, Л. Ф. Достоевский в изображении его дочери.* СПб., 1992, c.153. エーメ・ドストエフスキイ『ドストエフスキイ傳』高見裕之訳、アカギ書房、1946年、184-185頁。

11 Frolova-Walker, op.cit., p.338.

12 デイヴィド・シンメルペンニンク＝ファン＝デル＝オイエ『ロシアのオリエンタリズム』浜由樹子訳、成文社、2013年、247頁。

13 Norman Lebrecht, "Who is a Ukrainian musician?", [https://thecritic.co.uk/who-is-a-ukrainian-musician/]（2023年11月30日閲覧）.

（うめつ のりお 工学院大学・埼玉大学／ロシア音楽・日露交流史）

シベリア極東貨幣事情

安木　新一郎

シベリアと毛皮

1206年にチンギス・カンはモンゴル帝国の成立を宣言した。翌1207年にチンギス・カンは長男ジョチに軍を与え、「森の民」への遠征を命じた。「森の民」とは、モンゴル高原の北に広がる森林地帯タイガに住むさまざまな民族の総称だった。『元朝秘史』によれば、ジョチはオイラト、ブリヤート、キルギスなど「森の民」を服属させたが、この中にシビルがいる（安木2020）。シビルがシベリアの語源である。

原住部族の族長家はジョチ家の重要な婚姻相手でもあり、また、馬や騎兵の供給源でもあった。「森の民」はモンゴルにとって直接統治の対象ではなく、同盟者だった。

モンゴル人が見た「森の民」は豊かな人々で、多くの銀、立派な馬や鷹をもっていた。「森の民」はクロテンやリスなどの毛皮を取って、南から来る商人に売って莫大な利益を得ていたと考えられる。「森の民」にとってクロテンやリスはあまり食用にはならないので、本来あまり重要ではないが、中国や欧州では毛皮は富と権力の象徴で、需要は底なしだった。ジョチ・ウルス（キプチャク・ハン国）は西シベリアのチュメニやトボリスク周辺に拠点を設け、原住民と交易した（ジョチ・ウルスについては、安木2023を参照）。

ジョチ・ウルスは各地で銀貨や銅貨を発行したが、シベリアでは硬貨を作らなかった。豊富な銀塊、毛皮、そしてインド洋モルディヴ産タカラガイの貝殻などが支払手段や価値保蔵手段となっていたので、硬貨は必要なかったのであろう。なお、シベリアでとれないものが貨幣として用いられる状況はロシア統治下でも続く。17世紀に露清間の貿易が制度化されると、レンガ状に固められた中国産の茶がシベリアにもたらされ、貨幣としても用いられた。

16世紀末にシビル・ハン国というジョチ裔の政権がロシアに滅ぼされると、ロシア人がシベリアに侵入していった。モンゴル人とは異なり、銃をもっていたロシア人はシベリアの奥地まで直接支配地域を広げ、アラスカやカリフォルニアにまで進出した。ロシア人は原住民から毛皮税ヤサクを取り立て、原住民を奴隷化し、既存の社会を破壊していった。ロシアはシベリアの原住民を収奪の対象としか見なさなかったのである。原住民はロシア人を「羅刹」と呼んだ（佐々木1996:101-103）。

エカチェリーナ2世の失敗

18世紀になるとシベリアに住むロシア人も増えていき、貨幣需要が高まっていたが、ロマノフ朝もシベリアで貨幣を作ることはほとんどなかった。例外がエカチェリーナ2世の時代である（Прохорова 2007:111-128）。

1726年に現在のアルタイ地方にあるコルィヴァニ河流域で金、銀、銅の鉱脈が見つかった。1763年から1781年までエカチェリーナ2世の勅令により、コルィヴァノ・ヴォスクレセンスキー工場ではシベリアの諸都市向けに、ポルシカ（1/4コペイカ）、チェンガ（1/2コペイカ）、1、2、5および10コペイカ額面の銅貨が製造された。1763年12月5日の勅令ではシベリア貨幣は「銅1プード（16.38kg）から25ルーブル」、つまり1銅ルーブルは純銅655gとされ、したがってシベリアでは最小1.64g～最大65.52gの銅貨が作られたことになる。対してロシアの銅貨はいわゆる「銅板貨幣」という純銅製で正方形の貨幣であり、「銅1プードから16ルーブル」、すなわち1銅ルーブルは量目1024gだった。ロシアとシベ

リアの硬貨は形も量目も異なり、またシベリアの方が銅高だったと言える。

シベリアで銅貨が作られた理由は、ロシアからシベリアに貨幣を運ぶのが難しかったのと、当時のロシアでは実質的に銅貨しか流通していなかったからである。シベリア銅貨の流通地域はシベリア県、すなわちタラ河からカムチャッカまでの広域で、クロテンが描かれているように、貨幣としての毛皮の代替物だった。シベリアの銅貨の組成は金0.03％、銀0.79％、銅99.18％、後に金0.01％、銀0.81％、銅99.18％とほぼ純銅製である。

1768年に露土戦争の戦費調達のためエカチェリーナ2世は幣制改革を行い、1769年からロシア史上初の紙幣アシグナーツィヤが投入され、このアシグナーツィヤはセストロレックという円形の1銅ルーブル硬貨を裏付けとする銅兌換券であった。セストロレックも銅板貨幣と同じく1ルーブル額面硬貨の量目は16分の1プードである。ところが、アシグナーツィヤはすぐに発行過多となり、1777年には兌換停止となった。1793年にアシグナーツィヤの兌換は再開されるが、銅貨ではなく銀貨が裏付けとなった。

グレシャムの法則の通り、アシグナーツィヤという悪貨が銅貨という良貨を駆逐した結果、ロシアでは銅貨が流通しなくなり、シベリアでも銅貨の製造をやめざるを得なくなった。

現金不足と日本円

1917年にロシア革命が起きると、シベリア極東は現金不足に陥った。1918年には日本軍の支援により、反革命派のセミョーノフがザバイカル軍事政府を樹立した。1920年にセミョーノフ政権が紙幣を発行したが（安西2009:24）、ひさしぶりのシベリアの独自貨幣となった。

とはいえ、内戦下でインフレ率の上昇は激しく、ルーブルへの信認はほぼなくなった。日本軍は軍票、朝鮮銀行券、日本銀行券を持ち込み、また、大正8年（1919年）にはロシア語を併記した朝鮮銀行券の低額面の補助紙幣を印刷、流通させた（図参照）。シベリア出兵期の極東は事実上、円圏となったが、1922年の日本軍の撤退とともに円流通は消滅した。なお、シベリア出兵期の貨幣流通については、斎田章氏のホームページ「ロシア革命の貨幣史：シベリア異聞」（www.a-saida.jp/russ/sibir/index.htm）が非常に詳しい。

極東にふたたび日本円が現れるのは、1991年のソ連解体後である（日本銀行発券局1994、コーヘン2000）。1991年までウラジオストクは外国人だけでなくソ連国民でも市外居住者であれば立ち入りが禁止されていた閉鎖都市だった。1992年に閉鎖都市ではなくなり、「カニと中古車の交換」（高橋2021:56）と呼ばれるように、ウラジオストクなど極東の港から水産物や木材、石炭などが輸出され、日本製中古車が大量に輸入されるようになった。

表

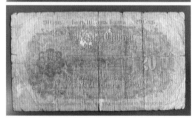
裏

図　朝鮮銀行支払金票20銭票（大正8年版。横96ミリ×縦52ミリ（実測値））
注）北満州やシベリア極東での流通を想定して、裏面にはロシア語表記もある。裏面の上部に「20 Сенъ Бонъ Цосонъ Банка 20 Сенъ」（20銭、朝鮮銀行金券、20銭）、下部に「Обменивается на Японскую Монету въ Отделенияхъ Банка Маньчжурии」（満洲の銀行の各支店において日本貨幣と交換できる）と印刷されている。
出所）筆者蔵。

1992年1月から始まった自由主義的経済改革により、ロシアはハイパーインフレーションにおちいった。ルーブルの価値が急落する中、ロシア経済の「ドル化」が進んだ。価値尺度や価格表示は事実上ドル建てとなり、100ドル紙幣が価値保蔵手段となった。モスクワを含むロシア全土に銀行や宝石店の両替所や、闇両替商が乱立した。極東では100ドル紙幣に加え、一万円札も流通した。

シベリア出兵の時も同じであるが、日常生活で頻繁に用いる小額貨幣の不足が深刻だった。20世紀初頭の日本軍は小額紙幣を印刷したが、20世紀末のロシア極東の地元政府が貨幣を刷ることはなかった。極東では、家や車など、高額な売買には100ドル紙幣や一万円札を使い、日常の買い物では、100ドル紙幣や一万円札をルーブルに両替して、ルーブル紙幣で支払う、という習慣が定着した。小額面券としてルーブルを使わざるを得なかったのである（安木2007）。

2000年にプーチン大統領が登場すると、ルーブルの価値は安定しはじめ、外貨を国内で利用することも徐々になくなっていった。ウラジオストクでは繰り返し日本製中古車輸入規制が導入され、日本と行き来する人が減ると、日本円の流入量も減っていったと考えられる。

また、2012年にAPEC（アジア太平洋経済協力）首脳会議がウラジオストクで開催されることになり、モスクワから多くの資金が投下され、貿易ではなく公共事業に従事する人が増えた。街中にいた闇両替は姿を消し、日本円の売買を日常的におこなう光景もなくなった。

投げ捨てられる硬貨

ロシアの結婚式では、記念碑の前で新郎新婦などが写真を撮ることが多い。この時、小額硬貨がたくさん撒かれる。日本の節分の豆まきのように、厄払いをする。

また、ハバロフスク市内の博物館の前に立っている亀の像（亀趺。きふ）の前には、硬貨がお供えしてある。日本と同じように、願い事がかなうようにとお供えに用いるのは硬貨だ。ウスリースクの公園にも金朝時代の亀趺があるが、ハバロフスクの亀趺ももともとはウスリースクにあり、本来1対だった。片方をハバロフスクに持って行ったので、極東は発展しないという言い伝えがある。ハバロフスクの亀趺は信仰の対象のようになっているが、ウスリースクの方は子どもに踏まれている。

1992年から始まったハイパーインフレーションにより、次々と高額紙幣が発行され、コペイカ硬貨は消滅した。残ったコペイカは、捨てられるか、土産物屋で売られるか、あるいは貯められた。

1998年1月に3桁のデノミが行われ、旧1,000ルーブルが新1ルーブルになった。この時、ふたたびコペイカ硬貨も作られたが、同年8月に通貨・金融危機が起き、ルーブル価値は暴落した。その後もインフレ率は高止まりし、50コペイカ硬貨以外はあまり見なくなった。2008年頃のウラジオストクでは、バスの料金を支払うのに、50コペイカ硬貨を10枚あるいは20枚ずつセロハンテープで束ねて渡すこともあった。

極東では、あいかわらず小額紙幣の不足がつづいた。ペトロパブロフスク・カムチャッキーでは10ルーブル札はあまりないので、記念硬貨のような10ルーブル硬貨が多く見られた。紙幣は耐用月数が短くすぐに使えなくなるが、中央からの現金供給は滞りがちだ。これに対して硬貨は50年は持つので、辺境では小額紙幣は少なくて硬貨ばかり流通することになる。

2008年9月のリーマン・ショックにより、ルーブルの価値は急落した。ロシアでは硬貨

を銅合金で作っていたが、2009年から鉄貨に変えた（安木2010）。原材料価格が高騰したからだが、ニッケル張にしてあるとはいえ、鉄貨は錆びやすい。

インターネット上では、いらない硬貨の有効利用についての書き込みや動画が上がっていった。例えば、缶に硬貨を入れて乳幼児用のおもちゃを作る方法といったものである。インフレのせいで、ロシアではふたたびコペイカ硬貨や一桁のルーブル硬貨が消えようとしている。

シベリア極東の貨幣の未来

現在、シベリアでは、ビットコインを含むデジタル暗号通貨の採掘がさかんに行われている（安木2021）。シベリアの工業都市では、基幹産業であるアルミニウムやニッケルなどの精鉱・精錬などが減って電力が余っており、工場跡や整地済みの広大な土地があり、寒冷地なためリグ（採掘装置）を冷やすための特別な冷房設備があまり必要でないからである。

クラスノヤルスク地方のノリリスクや、イルクーツク州のブラーツクなど、水力発電所から得られる電力でビットコインを採掘しているのは、事実上、オレグ・デリパスカを代表とするEn+グループである。

ロシア中央銀行は、ルーブルに連動するステーブルコインの発行を計画しているため、ビットコインの採掘や流通に否定的である。一方、ロシア・旧ソ連では自国通貨に対する信認が低く、ビットコインを利用する人も多い。

プーチン大統領は、国家の重心を欧州から極東に移すという「東方シフト」政策を掲げ、北極圏や極東の開発を重視してきたが、うまくいっているとは言い難い。あいかわらずシベリア極東は資源を収奪されるだけの経済植民地状態におかれている。

シベリア極東がモスクワから自立傾向を深めると、日本円が入り込み非ロシア化が起きる。こうした先例があるため、日本からの投資を受け入れたいが、中古車輸入や水産物輸出を規制する等、日本の影響力を排除していくという矛盾した政策を採りつづけたことが、開発の停滞のもっとも大きな要因の一つであろう。

ウクライナ戦争で弱体化するモスクワに対して、三度シベリア極東が分離していくとき、この地域の貨幣はどのように変化するのだろうか。ふたたび日本円が登場するのか。今後も観察を続けていきたい。

参考文献

安西修悦（2009）『切手と紙幣が語るロシア史』、東洋書店。

コーヘン・ベンジャミン、（宮崎真紀訳、本山美彦監訳）（2000）『通貨の地理学』、シュプリンガー・フェアラーク東京。（Cohen, B. (1998) The Geography of Money, Cornell University Press.）

佐々木史郎（1996）『北方から来た交易民：絹と毛皮とサンタン人』、NHKブックス。

高橋浩（2021）『日本とソ連・ロシアの経済関係：戦後から現代まで』、ユーラシア文庫18。

日本銀行発券局（1994）「日本銀行券の流通状況と今後の課題」『日本銀行月報』、1994年10月号。

安木新一郎（2007）「ロシア沿海地方における日本銀行券の流通状況：ウラジオストクを中心に」、36、14頁〜19頁。

安木新一郎（2010）「2009年ロシアにおける鉄貨の発行をめぐって」『ロシア・ユーラシア経済：研究と資料』、934、44頁〜51頁。

安木新一郎（2020）「「森の民」に関する覚書：モンゴル帝国支配下のシベリア」『函館大学論究』、52 (1)、11頁〜32頁。

安木新一郎（2021）「シベリア・ブラーツク市におけるビットコイン採掘について」『ロシア・ユーラシアの社会』、1058、77頁〜81頁。

安木新一郎（2023）『貨幣が語るジョチ・ウルス』、清風堂書店。

Прохорова, Н. (2007) Монеты и банкноты России, ООО Дом Славянской Книги.

（やすき　しんいちろう　函館大学商学部）

中央アジアのプロフ

先崎　将弘

プロフセンター

広大なユーラシア地域では多くの民族が暮らし、それぞれが培ってきた特徴的な文化を持っている。なかでも食は地域理解の重要な手段のひとつだろう。彼らが日常的に何気なく食べている食事には、その地域ならではの食材だったり、長い歴史の中で伝えられてきた伝統的な調理方法だったり、あるいは儀礼や習慣といった背景をみることができるからである。このような、普段の何気ない料理には、私たちがまだまだ知らないおいしさが隠されている。

「おいしいユーラシア」では中央アジアで代表的な米料理であるプロフを最初に取り上げたい。プロフとはピラフのことである。油を使った炊き込みご飯で、中央アジアから西アジアにかけてさまざまなバリエーションがある。中央アジアのプロフは肉（羊や牛など）とニンジンが多く使われていて、塩とクミンといったシンプルな調味であるにもかかわらず、濃厚な肉の旨味とニンジンの甘みが混ざり合う味わいがある。言わば素材の旨味を味わう料理である。このようにシンプルな調味料で素材の旨味を引き出して食べるのは中央アジアの料理の特徴である。プロフは薄い黄色をしているが、これは大量に使われたニンジンによるものである。また、ニンニクやひよこ豆、干しぶどうやうずらの卵、馬肉の腸詰がトッピングされることもある。

中央アジア以外では、使われる具材はさまざまであり、イランではポロ、トルコではピラウと呼ばれるほか、ピラフはヨーロッパでも知られており、日本でもよく知られた洋食として親しまれている。

中央アジアではプロフはオシュ（アシュ）などとも呼ばれている。このうち、オシュには「食べもの」という意味があり、プロフは食べものそのものを示すという大事な料理となる。そもそも中央アジアでは西アジアを起源とする小麦を使った食文化が発達しており、この小麦を使った平焼きパンであるナンは中央アジアの食ではなくてはならない日常の食べものである。一方で東アジア原産の米を使ったプロフは冠婚葬祭や遠来の客をもてなすなど日常の料理ではなく特別なハレの料理となるのである。このような特別な機会に作られるプロフは、宴席などで出されるのだが、多くの作り手は宴席のホストである男性の役割である。宴席のホスト自らが客人をもてなすというもてなしの心を表しているのである。ウズベキスタンなどではプロフを作る男子会がしばしば行われて、調理技術の向上や継承が行われている。このような背景を持つプロフは2016年にウズベキスタンとタジキスタンでそれぞれユネスコの無形文化遺産に登録された。

ところで、中央アジアは同じような食文化が広がっているように見えるが、気候環境や地域性により大きく異なった文化を持っている。中央アジアの北部は広大な草原が広がり、古来より遊牧民が活躍する世界であった。遊牧民は農耕はほとんど行わず、家畜とともに

移動しながら牧畜を行うもので、彼らの食の中心は家畜の肉と乳製品であった。一方で、中央アジア南部の砂漠の地帯では、オアシスで農耕が行われ、小麦や米、野菜など農産物を使った料理が発達した。

　プロフはこのようなオアシス地帯の定住民を中心に広がった料理である。使われる米は長粒米、短粒米などさまざまであるが、フェルガナ盆地の東部にあるクルグズスタン領ウズゲンで産する赤い米で作ったプロフは特においしいと言われている。このウズゲン産の赤米は、バザールでは他の米と比べて高値で取引されている。赤米の赤い色素は料理をしているうちに落ちてしまうのだが、米粒をよく見てみると赤い筋が1本入っていることがわかる。ウズゲンは天山山脈やパミール高原からの雪解け水を集めたカラダリヤ川がフェルガナ盆地に流れ出す場所であり、乾燥した中央アジアの地域にもかかわらず水資源が豊富で、稲作に適した場所であるといえよう。

　ウズベキスタンではプロフはもちろん代表的な料理であり、地域によってさまざまな種類がありそれぞれの味を競っている。なかでもウズベキスタンのタシケントにあるプロフセンターは大規模なプロフの専門店である。建物の外には巨大な鍋がいくつも並べられて、プロフを作っている様子を見るとができる。見ていると熱々の油が大量に入った鍋に大きな肉の塊を投入し、さらに大量の細切りにしたニンジンを入れて最後に洗った米を山盛りに入れて、何枚かのお皿をひっくり返して蓋代わりにしてプロフを炊き込んでいく。出来上がったプロフは注文に応じて次々に皿に盛られて客が待つテーブルに運ばれていく。そんな豪快な光景を見るためにもタシケントのプロフセンターは一度は訪れておきたい場所であろう。

　日本でもレストランで中央アジアのプロフを食べることができる。最近はウズベキスタ

ン料理を食べることができるレストランが少しずつ増えてきている。なかでも東京の高田馬場にあるサマルカンド・テラスというお店は、オープン・キッチンでサマルカンド風のプロフを作る様子を見ることができる。実際に調理する場面を見せてもらったが、サマルカンド風のプロフは、具のニンジンや肉と米が混ざらないようにていねいに時間をかけて作られていた。プロフは出来たてがもっともおいしい。お昼の開店に向けてプロフが出来上がる頃合いを見計らってお店を訪れるのが一番のおすすめである。

（せんざき　まさひろ）

サマルカンド・テラス
東京都新宿区高田馬場
3-5-5　3F
電話 03-6908-9922

●プロフのレシピ（4人分）
材料
・米　2合
・羊肉または牛肉（角切り）　300g
・ニンジン（細切り）2本
・玉ねぎ（薄切り）　1個
・ニンニク　1玉
・塩　小さじ　2
・クミンシード　適量
・サラダ油　適量
・水　360cc
作り方
❶鍋にサラダ油を熱し、肉、玉ねぎを炒める。
❷ニンジン、塩、クミンシードを加えて炒める。
❸洗った米を鍋に加え、水を入れる。ニンニクも1玉入れて鍋に蓋をして炊く。
❹皿に盛り付ける。トッピングに干しぶどうを散らしたり、うずらの卵を添えても良い。

藤井悦子 編訳
『シェフチェンコ詩集』

岩波文庫、2022年10月 248頁 本体780円＋税

井口 靖

1 はじめに

　岩波文庫から、
『シェフチェンコ詩
集』（藤井悦子訳 2022
年10月 以下「本書」）
が刊行された。ウク
ライナに関心を持つ
人なら、タラス・シェ
フチェンコ（1814 ～
1861）の名には覚え

があろう。『物語ウクライナの歴史』（黒川著
　中公新書 2002）や『ウクライナを知るため
の65章』（原田・服部編 明石書店「エリア・ス
タディーズ」2018）のような入門書はもちろん
のこと、「地球の歩き方」シリーズのような海
外旅行ガイドも、ウクライナの国民詩人とし
てシェフチェンコに触れている。

　後述するように、シェフチェンコの邦語訳
出版にはすでに70年以上の歴史がある。特
に本書の訳者藤井は、ここ30年にわたり、
『シェフチェンコ詩選』（大学書林 1993）、『マ
リア』（群像社 2009）、『シェフチェンコ詩集
　コブザール』（群像社2018）と、ウクライナ
語原典からのシェフチェンコ作品の翻訳に一
貫して取り組んできた。

　しかし、これまでの藤井による訳書は、語
学書出版で知られる大学書林からのウクライ
ナ語原文との対訳本であったり、ロシア・ソ
ビエト文学の専門出版社である群像社からの
出版であった。どちらも、一般読者になじみ
深い出版社とはいえまい。その点、岩波文庫
の赤帯＝外国文学に『シェフチェンコ詩集』

が加わったことは、本邦におけるウクライナ
文学紹介が一般読者へ広がる画期となるもの
と言えるだろう。

2 シェフチェンコ詩の翻訳と翻訳者たち

　藤井の訳業の意義を考えるに先立ち、本邦
におけるシェフチェンコの詩作品の翻訳・紹
介史をたどっておこう[1]。

　国立国会図書館Searchで確認できるシェフ
チェンコの邦訳中で最古のものは、1949年
に「ソヴェト研究者協会文学部会」編の雑誌
『ロシヤ文学研究』4号に掲載された田澤八郎
による4編である。「密酒おやじ」と訳された
箇所（藤井の訳では「酒場の主」）に付された
「カストリ」というルビや、助詞「へ」・「は」
を音そのまま「え」・「わ」と書き表す徹底し
た言文一致表記など、訳出された時代の雰囲
気が色濃く感じられる。

　これより先、1948年に論文「詩人シェフ
チェンコ」を発表していたのが神戸市立外国
語大学の小松勝介である。小松は1957年以
降最初は同人誌、のちにはロシア詩の刊本詩
集にシェフチェンコ作品の翻訳を発表してい
く。小松のシェフチェンコ翻訳・紹介につい
て藤井は、「日本語がやや生硬であることが
惜しまれる」としつつ、「研究の成果も生かし
た注釈も詳細」であること、「ウクライナ語を
習得し、早くも50年代にすべての作品を原
詩から訳した」ことを功績としてあげている
（藤井 a）。

　1955年、「三笠新書」（三笠書房）の「近代ロ
シヤ詩集」にシェフチェンコ作品26編を訳出
したのが、樹下節である。樹下の訳文はやや
文語的で古風な響きを帯びており、藤井は「格
調高く流れるような美しさで読者の胸を打
つ」ものと評している（藤井 a）。

　1964年には、はじめてシェフチェンコの
作品のみを1冊にまとめた単行本『シェフ
チェンコ詩集 わたしが死んだら』（国文社

1964) が出版された。編者名としてあげられているのは、大正時代に埼玉県の南畑小作争議で活躍した農民運動家として知られる澁谷定輔（1905〜89）である。農民運動のかたわら詩作を行っていた澁谷は、偶然に読んだ日刊紙の文化欄か月刊文芸誌かでシェフチェンコを知ったという。澁谷の最初の詩集『野良に叫ぶ』（1926）巻頭には、「…農奴詩人タラス・シェフチェンコと虐げられた我が兄弟姉妹に捧ぐ」という献辞が掲げられた（村井）。農民運動家／詩人たる澁谷が、自らと重ね合わせてシェフチェンコに寄せた共感が伺われる。澁谷編『---わたしが死んだら』には、すでにあげた田澤、小松、樹下の既訳計21編の再録に加えて、ロシア文学研究者村井隆之と澁谷の「共訳」と記録される4編が収められた（藤井ａ）。澁谷と村井は、1988年にも編訳者として連名を掲げて新たな『シェフチェンコ詩集』（れんが書房新社 1988）を出版している。

ところが、村井・澁谷の翻訳のすすめ方は、村井がロシア語から日本語に訳し、その日本語を澁谷が直すというものであった[2]。藤井は、「ウクライナ語⇒ロシア語訳⇒村井による日本語訳⇒渋谷による推敲」を経た日本語は「原詩とはかなり違った姿になる」として、「作品に近づく手段を村井のロシア語力以外に持たない渋谷が翻訳に携わることには無理がある」と指摘する（藤井ａ）。

3　藤井のシェフチェンコ訳業

以上のような翻訳史をふまえ、本書をはじめとした藤井の訳業の特長を検討しよう。2018年の『---コブザール』あとがきで、藤井は、自身のシェフチェンコ研究の歩みについて、やや詳しく語っている（藤井ｂ）。藤井は、大学時代に手に取った樹下訳『近代ロシヤ詩集』でシェフチェンコと出会った。怒りの激しさ、悲しみの深さ、弱きものに注ぐまなざ

しのあたたかさに「強い衝撃を受け」、「いつかこの詩人の作品を彼の書いたことばで読みたい---平易な現代の口語で日本語に訳してみたい」と「ひそかに心に決めた」と藤井は回想する。藤井の願いは最初から、ウクライナ語からの翻訳、平易な現代の口語での翻訳の2点だったわけだ。

シェフチェンコへの歩みは、一直線ではなかった。学部卒業後大学院に進学した藤井は、いったんは家庭に入り大学をはなれた。ご子息の成長で余裕が生まれ大学院への復学を果たすまでには、10数年の時間が必要であった。

大学にもどっても、ウクライナ語やウクライナ文学を学ぶことは容易ではない。日本語辞書や教科書のないなかでの英語やロシア語をたよりの独習、早くからウクライナ研究を手がけていた歴史学の中井和夫、言語学の黒田龍之介らを訪ねての情報収集。そうした学びの成果が対訳『シェフチェンコ詩選』として世に出たのは、学生時代の出会いから四半世紀以上が過ぎたのちであった。その後も藤井は原点での願いどおり、ウクライナ語原文からの翻訳をすすめている。

藤井のもうひとつの課題は、シェフチェンコを「平易な現代の口語」で、そして自らは口にしないがおそらくは、自身の心をゆさぶった樹下訳のような美しさをもつ日本語訳をつくりだすことであった。藤井の訳文は一見してひらがなで表記された部分が多く、口語的な訳がこころがけられていることが視覚的にも明らかである。ではその文体は、シェフチェンコの作品世界をどのような効果をもって伝えているだろうか。

ここで、樹下訳ではじめて接したシェフチェンコ作品への感動について「怒りの激しさ、悲しみの深さ、弱きものに注ぐまなざしのあたたかさ」の3点を藤井があげていたことを想起したい。農民運動家澁谷には、おそ

らく「怒り」が最大の共感を呼んだことだろう。

いっぽう藤井の心をもっとも惹きつけたのは、「弱きものに注ぐまなざし」の作品群であったのではないかと評者には感じられる。そうした作品にはやわらかな口語体の語りがふさわしい。本書の掲載作品中では、「ナイミチカ」がその典型である。「ナイミチカ」は、老夫婦の家の前に赤子を置き去りにした女性が、母であることを隠してその家の女中として雇われる物語である。昔話の語りを思わせるような語り口の訳文には、主人公へのやわらかな共感が感じられる。本書以外の藤井訳でも、「気がふれた娘」「想い（ドゥムカ）」（ともに『コブザール』所収）や「マリア」のような、女性の嘆きや悲運を主題とした作品で、口語体の語りが同様の効果をうんでいる。そうした訳文の背後には、女性の人生での喜怒哀楽に対する同性としての共感があるのだろう。

4 ウクライナ戦争とシェフチェンコ

本書は、ロシアのウクライナ全面侵攻の半年後、ウクライナの抗戦が世界に強い印象を与えるさなかに刊行された。本書への短評のなかには、本書を「ウクライナ戦争を思想的に理解するための最重要文献」だとして、『コブザール』と本書を併せ読めば「徹底抗戦の思想的、歴史的背景が理解できる」とするものもある（『週刊読書人』2022年12月16日「2022年の収穫41人のアンケート」）。

本書には「ロシア人が　わがもの顔にふるまい、／つぎはげだらけのシャツを／母から剥ぎとる---」、「ロシア兵の肋骨を槍で犂きかえ」す（「チヒリンよ　チヒリンよ」）といったロシアやその支配に対する敵愾心、「----ウクライナが立ち上がるだろう／そして、隷属の闇を吹き払い、／真実の光が輝くだろう」（「偉大なる地下納骨堂」）といったウクライナの自由への希求の表現が数多くみられる。それら

をロシアへの抗戦意志と結びつける読みは、いっけん自然に思えるかもしれない。

しかし、シェフチェンコには対ポーランド蜂起をうたった長編詩「ハイダマキ」がある。また、「ユダヤ人」の語が「民衆への寄生者」のイメージで使われる場面も見られる。「他者」との緊張や衝突の叙述のうち、ロシアとの戦争という眼前の事態と重ねられるものだけに注目していると、現在の対立を時代をこえた宿命のようにとらえることにつながるのではないだろうか。そうした理解が、いつかは訪れる「戦後」のこの地域の平和再建に資するものかどうか、いささかの不安を感ずることを述べておこう。

ともあれ、本書はウクライナとその文化を知る重要な文献である。本書を通じウクライナの文化や人々の思いに接する人がひとりでもふえることを期待したい。

文献

藤井悦子「帝政ロシア時代のウクライナの詩人シェフチェンコ―小松勝助と渋谷定輔のシェフチェンコ像―」、『世界文学』№133、2021年7月（藤井 a ）

同「訳者あとがき」、藤井悦子編訳『シェフチェンコ詩集コブザール』群像社2018（藤井 b ）。

村井隆之「渋谷定輔とタラス・シェフチェンコ 比較文学的試み・覚書き－」、『近代』（神戸大学近代発行会）№59 1983年1月

註

1) 詩以外にシェフチェンコの散文小説『画学生』が、遠小藤哲訳で出版されている。
2) 澁谷の生地、埼玉県富士見市の中央図書館「渋谷定輔文庫」所蔵の村井から澁谷宛書簡には、村井の訳文に「詩人の六感をフルに活動させて、存分に手を加えてください」との一節があることを藤井は紹介している（藤井 a ）。

（いぐち　やすし　桜美林高等学校非常勤講師［社会科］ウクライナ研究会会員）

書評

市川浩
『ソ連核開発全史』

ちくま新書、2022年11月、240頁、946円（税込み）

齋藤　宏文

　本書は本邦初となるソ連の核開発の通史である。著者は、ソ連でなされた核兵器開発、および生産力としての原子力開発をめぐる実証研究に精力的に取り組んできた。本書には、『冷戦と科学技術 旧ソ連邦 1945～1955年』（ミネルヴァ書房、2007年）をはじめとする筆者の旺盛な著述活動の成果がふんだんに取り入れられている。ひとえに核開発を扱う書物といっても、核開発"全史"というタイトルにふさわしく、冷戦の文脈と絡めて想起される核兵器製造や核武装という話題のみならず、平和利用宣伝活動や原子力外交、原子力分野の技術供与や原子力ビジネスといった幅広いテーマをカバーしている。各章の内容には相対的な独立性が保たれており、どこからでも読み始められる構成となっている。

　2022年秋、その真偽はさておきウクライナとの戦争の硬直状態を破るためにロシアが核兵器の使用に踏み切るのではないかとの情報がメディアを賑わすようになった。核兵器使用に対する世間の懸念が高まる2022年11月に出版された本書は、新書という入手しやすい形態とも相まって、出版当初から大いに注目されたことだろう。カバー表面には終章（215頁）から取られた、「核兵器開発で二番手となったソ連、その後継国家ロシアは、開発のみならず、その使用においても"二番手"となるのであろうか。その場合にもたらされるのは、人類史的な"カタストローファ"であろう」との目を惹く文が記されている。

　現在書店に並ぶロシアとウクライナの戦争を扱う多くの書籍と同様に、現在の危機的世界情勢に呼応する形で、本書の出版が持ち上がる運びになったのかについては評者の関知するところではない。そもそも言うまでもなく、現在も止む気配のない両国の戦争状態に関しては旧ソ連地域をフィールドとする全ての研究者にとって悲しむべき事態である。世界初の被爆地に立地する広島大学での平和教育に長年に渡り尽力してきた著者にとってはなおさらのことであろう。定年退職を間近に控えていた著者にとっては、あとがきにあるとおり、本書の出版は30年超勤めた広島大学に提出する"卒業論文"としての意味合い―長年の研究成果の社会的還元を意図していると思われる―を持つものであった（219頁）。仮にこの世界が平穏無事であったならば、敢えて本書に書き加えられることはなかったのかもしれないと推察される部分がある。それは、ソ連の核開発史を振り返ることによる逆遠近法的―現在の核の脅威の発端を過去に遡って特定する―な主張内容である。筆者はあとがきで"歴史のオルタナティブ"を提示し、「このとき［1946年6月に国連原子力委員会においてソ連のアンドレイ・グロムィコ外務次官が原爆の製造・使用禁止を提起した時点のこと］、ソ連があえて核武装せず、原爆に反対し世界の平和を希求する側に立ち続けていれば……（中略）……おそらく世界は今日眼にするものとはずいぶん違っていただろう」（218頁）と述べている。著者が言うこの"もしも"は、現にウクライナとロシアで起きている出来事の悲惨さと脅威ゆえに十分な重みを持って読者の耳に届くであろう。

　評者は、あとがきの内容から論じ始めるという変則的なやり方を選んだが、ここからは

本文の順に従って内容を見ていくことにしよう。章ごとの細かい検討に入る前に、まずは全体の内容を眺めて気が付いたいくつかの点を指摘したい。第二次大戦後ソ連がアメリカに匹敵する20世紀の指導国家の地位へと躍進できた理由は、核（原子力）開発の順当な成功にあったという理解が一般に浸透している。ウラルの爆発事故（1957年）やチェルノブイリ原発事故（1986年）といった不都合な事実をいったん脇におけば、実際、原子力分野での実績の数々は、大国ソ連（と現ロシア）に強く定着した一般のイメージの一つとなっていると思われる。しかしながら、本書を通読した後は、こうした理解がいかに注意を欠くものであったのかが分かる。ソ連の核開発の過程は、筆者の言葉を用いるならば「拙速」と「疎漏」（211頁）の繰り返しによって特徴づけられていたといえる。そうした不首尾の実態を示す事例として本書では核開発の様々な局面において発生した軽微なインシデントから重大なものに至るまでの被ばく事故の様子が随所にて紹介されている。兵器製造工場や原発の操業現場では、実用段階において判明する技術的欠陥に加えて、現場作業員のための安全管理体制の不十分さが再三指摘されたのだが、あくまで経済性の目標達成を優先した関係上層部や官僚機構が、現場で起きている問題の解決を見送ってきた様子や、労働力削減と目先の利益回収に走った結果、大事故や環境破壊のような問題のさらなる悪化を招いた事例が、本書の各所で指摘される（一例としてアストラハン・ガス田開発での核使用が土壌汚染を引き起こしたこと―153～154頁）。東西の緊張緩和後に原発建設が過熱した時期には、専門家から原子炉の安全性に懸念の声を挙げることすらタブーとなったという（157頁）。

このような現場軽視の実態が、それ自体がヴェールの裏に隠されていたソ連の核開発におけるもう一つの知られざる側面であったといえよう。著者は文書館史料や当事者の回想・証言記録を用いて、開発現場から出された懸念の声を露わにすることにより、ソ連の核開発が「拙速」と「稚拙」を伴って進められた事実を立証している。こうした"現場主義"的なアプローチからは、核開発の実際の現場に携わった科学者・技術者の集団がそれぞれのフェーズや局面において共有していたマインドが読み解かれる。これらの内容については、以下に章ごとの内容を見ていく中で紹介したい。

第一章「核兵器開発の発端―冷戦の勃発」では、ソ連国内における最初期の原爆開発計画から歴史が紐解かれ、水爆開発に至るまでの経過が主に述べられている。特に、アメリカに狙いを定めて戦時中から行われた諜報活動に依存することで、核開発の後発国であったソ連が成功を収めることができたという"神話"が否定される（29頁）。それとは逆に、ソ連は多くの局面で独力での核開発を強いられ、無謀な計画目標に目をつむって開発を進めた皺寄せ―年平均936mmSVの高線量被ばく―を現場の作業員が被ることとなったことが述べられている（40頁）。核開発の初期から見られた現場軽視の傾向は、ソ連のその後の核開発の全過程を通して常態化することとなる。

第二章「核兵器体系の構築―ウラン資源開発・ミサイル・原子力潜水艦」では、冷戦開始に伴って、ソ連の科学者たちの間に核兵器開発に携わる動機が形成されていく様子が説明される。その道具立てとなったのが、科学者のイデオロギー的引締めのために戦後相次いで開催された学問別討論会であり、それは冷戦のマインドセット（コスモポリタニズム批判）の醸成に大きな役目を果たした。結果的にそれは「アメリカ科学への憧憬や期待［連合国間の同盟を背景にソ連の科学者が抱いたところの］を断ち切り、冷戦に伴う"科学鎖国"

状況に甘んじさせつつ、ソ連の科学者に軍事研究その他に邁進させるための巨大な仕掛けとなった」(63頁)。核開発ではソ連が二番手であり、アメリカによる核実験の先行事例があったこともまた、現場の科学者集団に倫理的ジレンマを呼び起こしにくい状況を作り、彼らの軍事研究への参加を促すことに繋がったようだ(59頁)。非常に些細な指摘であるが、核兵器の原料となるウランの鉱床探査に寄与したとされる貨物列車や航空機に搭載可能なガンマ・ラジオメーター(69頁)は、ソ連が独自に開発した技術であったのかの説明があればよかっただろう。

第三章「放射能の影—米ソ"サイエンス・ウォー"の帰結」では、ソ連の科学者から提起された放射能の生物学的影響の研究要望(その背景には迫りくる核戦争の脅威は元より、国内で多発する深刻な被ばく事故への対処を迫られる医療現場の状況があった— 91〜92頁)、およびそれと軌を一にした生物科学のルィセンコ支配からの正常化への動きについて述べられている。この動きは短期的な状況変化に左右される政治側の決断ではなく、科学者側のイニシアチブによって行われた。「科学者たちは放射線影響研究の重要性、生物科学正常化の不可避性、英米流の影響評価への疑問・批判の必要性に、科学内在的な経路を経て辿り着いた」(90頁)という箇所は、二項対立的な科学と権力の関係を批判的に見直す上で重要な指摘である。ソ連の科学者は、英米による放射線影響評価と防護基準の値を疑問視し、低線量域の被ばくの健康影響を重視する説を様々な会議の場で主張した(93〜95頁、98頁)。しかしながら、ヒロシマ・ナガサキの膨大な被ばくデータに基づいて行われたアメリカの研究成果を前にしたソ連の科学者は、ライヴァルである英米が主張する年間被ばく基準を飲まざるを得なかった(100頁)。そうすると、当時のホット・トピックであった放射線医療

生物学において自国の研究力をアピールし、国際舞台で生物科学の健全化を示そうとしたソ連の科学者の試みは失敗に終わったといえるだろうか。

第四章「ソ連版"平和のための原子"」では、ソ連が世界に先駆けて原子力の平和利用(民生利用)の理念構想を謳い、原子力外交活動を積極的に展開した様子が示される。1954年に稼働を開始し、世界初の商用原子力発電所となったオブニンスク原発の視察に各国の代表団がソ連を訪れた際の様子が臨場感—スウェーデンの代表団による諜報活動が疑われる事案が発生する—をもって述べられる他、1955年8月にジュネーブで開かれた国連第一回原子力平和利用国際会議から帰国したソ連の科学者による現状分析が示される。この会議でソ連はアメリカの報告と展示に質・量とも圧倒され、原子力の平和利用のソフトパワー路線においてもアメリカの後塵を拝することとなった。ここでの記述内容からは意気消沈するソ連の科学者たちの様子が伺い知れる。

第五章「原子力発電の夢—経済停滞とエネルギー危機のなかで」では、ソ連という国が原子力発電所の建設と運用にかけた執念が垣間見える内容となっている。設計上の課題が解決されないままの黒鉛チャンネル炉の導入を重視する一方、より安全性が見込まれる軽水炉の開発・普及をメンテナンスの不効率性のためにおろそかにしたことなどが述べられている(134〜135頁)。こうした黒鉛チャンネル炉への安易な依存が、チェルノブイリ原発事故の大惨事へと繋がることも示唆的に述べられる(128〜129頁)。その他、原発建設の背景の一つとして、エネルギー資源開発が空回りする様子(東部の炭田開発の失敗— 154〜156頁)にも説明が割かれている。

第六章「東側の原子力—"同盟"諸国とエネルギー政策」では、ソ連の原子力技術が旧東側諸国へと"越境"していく様子、すなわち技

術供与の問題について論じられる。同盟諸国の中でも特に、建国間もない新中国への技術支援にソ連が熱心であった様子が説明される。毛沢東を含む第三世界の指導者たちは、アメリカの核兵器使用—その矛先がアジア系人種に向けられてきたこと—に対する不信感を抱いており（166頁）、一方でソ連側にはそうした不信感を利用して新中国を自陣に取り込む目論見があったことが伺える。しかしながら、両国の原子力国交は1956年以降の中ソ対立の高まりをうけて急速に冷え切ってしまう。

第七章「ビジネス化する原子力—ソ連解体後」では、特に2006年以降、ロシアの原子力産業がソ連崩壊後の衰退期を脱して、再び世界市場でプレゼンスを高めていった様子が述べられる。かつての対抗国のアメリカとの間でも原子力分野の国際援助構想をめぐる合意を確認し、ロシア国内では政府企業や団体が国際ビジネスへと名乗りを上げていった。

以上、各章の内容を紹介してきた。多くの言及し残した部分があること、重箱の隅をつつくが如き指摘をした箇所があることに対しては、どうか著者からのご海容を賜りたい。

最後に、本書で述べられていないゆえに、評者個人が少々物足りなく感じたことについて述べさせていただきたい。それは、初期の核開発を進める過程でソ連の政治指導者たち、なかんずく最高指導者スターリン本人が抱えていた自然観や科学観—そのうちの原子力に絡む部分—がどういう類のものであったのかの議論である。以下は評者自身の仮説となるが、たとえアクチュアルな軍事上の課題から離れたところでも、スターリンは原子力の利用可能性をめぐって彼自身の科学観に由来する独自の展望をもっていた様子が伺える。スターリンは自然世界を徹底して操作可能な対象とみなす立場の極致ともいうべきラマルク主義者として知られており、彼の操作主義的な科学観は実際、1948年に開始が宣言され

た自然改造計画（植林、運河建設、大河川工事を内容とする空前絶後の規模で行われた国土開発計画）とも直接に結びつくことになった。第五章（152〜154頁）では、余剰分の核が土木建設作業における地下爆破に利用された様子が述べられているが、そうした実績に先だって1954年前後に、自然改造計画において核を使用する計画が持ち上がったという（実際に使用された科学的証拠があることが、毎日新聞1954年10月11日で報じられている）。スターリンの科学観はイデオロギーとして定式化され、彼の死（1953年）の後にも自然改造計画を支え続けた。果たして本書が論じる原子力分野においても、指導者本人のオリジナルのものであれ、それが定式化された形のものであれ、イデオロギーが政策決定における道具立てとして作用していた様子を"開発全史"のどこかに確認できるのだろうか。なお、公式イデオロギーがソ連における科学技術の営為にもたらした影響と結果については、本書の著者と評者が共に寄稿している金山浩司編『ソヴィエト科学の裏庭』（水声社、2023年）で幅広く論じられている。以上が評者の頭に浮かんだ疑問であるが、個人の内面に存在する思想と社会生活で実際に起きた出来事との連関を裏付ける作業は慎重になされるべき仕事であるし、核開発の実過程を扱う本書には思想的側面の議論は元より含まれるべき内容に当たらないゆえ、評者の要求が過大であることは重々承知するところである。

ロシアとウクライナの戦争が続く今現在、われわれは否応なく核の問題の前に直面させられている。そうした時であるからこそ本書を手に取って、ソ連の核開発の歴史に立ち返り現在の問題の淵源を考えてみる必要があるのではないだろうか。

（さいとう　ひろふみ　九州工業大学准教授／ソ連・ロシア生物学史）

潮流

対談　注目の日本語教育者
菅野怜子先生を語る

ナジムホジャェフ・マルフホジャ × 二葉知久

菅野怜子（すがのれいこ）（22年10月20日逝去。
享年76歳）

　1946年2月20日、兵庫県たつの市生まれ。
1969年神戸大学教育学部卒業、兵庫県芦屋
市で小学校教諭として9年勤務。ロシア文学
に興味を持ち、ロシア語を学ぶ。日ソ友好交
流の中でウズベキスタンについて知る。タシ
ケント国立東洋学大学・日本語講座の創立者
の一人。1988年、ウズベキスタンから日本
に代表団が訪れ、親しくなり、その中の一人
が菅野先生をウズベキスタンに招待。代表団
の誘いから日本語教育を始めることになる。
ソ連崩壊の直前（1991年8月）にウズベキスタ
ンに渡り、亡くなる直前までタシケントに在
住。20年の間に100人以上の日本学専門家を
育てた。14年にはイスラム・カリモフ大統
領より友好勲章を授与された。17年には日
本政府より瑞宝双光章（ずいほうそうこうしょ
う）を授与された。

菅野怜子先生（1946年－2022年）

恩師との別れ

　二葉　菅野先生が昨年10月20日に亡くな
られてもうじき1年になりますが、今、昨年
のことを振り返ってどのように思われます
か。

　マルフ　菅野先生は、4月に日本に帰国し
て病気の治療を受けていましたが、よく連絡
をとっていました。

　ちょうど先生が亡くなる一週間ぐらい前
だったと思います。当時、東洋学大学と日本
の千葉科学大学と学術協定を結ぶという話に
なっていて、私は学部長と一緒に日本に行っ
ていました。私たちは日本での打ち合わせが

終わり、10月20日にウズベキスタンに戻る
ことになりました。韓国のインチョンで乗り
換えのため、次の飛行機を待っていました。
そのとき、SNSのメッセージをチェックして
いて、菅野先生の訃報を知りました。本当に
悲しかったです。

　先生に「マルフ先生が日本に来るなら、つ
いでにあのピンクのセーター持ってきてくれ
ない？」と頼まれていました。本当は、先生
が入院されている病院まで届けに行って、お
会いして、渡したかったんですが、残念なが
ら病院からは、お見舞いができないと言われ
てしまったんです。それでしかたなく、郵送
することにしました。電話で、「先生、これ
から送ります。明日届くと思いますので、よ
ろしくお願いいたします。」「ありがとう。」と
いったやりとりをしたのが、先生との最後の
会話でした。それが、亡くなる日のちょうど
一週間前でした。

ナジムホジャェフ・マルフホジャ氏

二葉知久氏

ＺＯＯＭで葬儀に参加

マルフ　もしあの時、日本にいたら、先生の葬儀に参列したかったのですが、そのときはもう、日本を出ていたので、できませんでした。ウズベキスタンに戻った翌日に、大学に出勤しましたが、そのとき日本では、葬儀がおこなわれていました。ウズベキスタンでも、先生の訃報を知った教職員たちをはじめ、学生や卒業生も集まり、同じ時間にお別れ会を行う事を日本のご家族に伝えたところ、ご厚意でZOOMでつないでくださったそうです。お蔭で私たちはオンラインで葬儀に参加することができました。

ここにいるみんなは、本当にショックを受けていました。先生はまたタシケントに戻り、ずっとここにいて、一緒に仕事ができると思っていましたから。

追悼映画制作のきっかけ

二葉　実は、私はあまり菅野先生のことを存じ上げなくて。

私がウズベキスタンに赴任したのが、昨年の7月27日で、9月16日にJICA事務所を通じて、東洋学大学で講師を募集しているというのを知り、応募しました。9月20日にマチャノフ学部長とマルフ先生と初めてお会いしま

した。そのときに、菅野先生のことをお聞きしました。それ以前にも、ほかのボランティアから東洋学大学で長く教えている日本人の方がいらっしゃるというのを聞いていましたが、どんな方なのか、全く知りませんでした。

私は、あのYouTubeに公開されている追悼映画を見て、菅野先生のことをもっとよく知りたいと思うようになりました。あの映画を見ると菅野先生がいかにウズベキスタンの日本語教育に情熱を持って取り組み、多大な貢献をしてきたか、そして功績を残したかというのがよくわかります。

東洋学大学で追悼映画を制作しようとしたきっかけについて教えてください。

マルフ　菅野先生の誕生日が2月20日なんですが、その日に合わせて、大学で何かイベントを企画しませんかということになって、今年の3月に開催したサイエンスウィークの中で紹介できる日本に関係するものはないかということで、映画を作りましょうという話が出ました。そこで教員のズフラ先生の親戚が大学で映画制作を学んでいるというのを聞いていたので、そこで話をしました。ちょうど卒業制作で何か作品を作らなければいけないというのもあって、それなら、ドキュメンタリー映画を作りましょうということにな

り、制作が始まりました。完成までに3か月ぐらいかかりました。そのときは、カメラマン、インタビューに答えてくださった方々、学長、卒業生はもちろん、字幕編集を手伝ってくれた学生、教員、すべてのみなさんの協力のおかげで完成することができました。

先生の学生に対する優しさ

二葉　インタビューの中で、筑波大学の小野正樹教授が話されているように、東洋学大学の学生は、どこか優しい雰囲気があると私は思うのですが、それは菅野先生の影響だと思われますか。

マルフ　菅野先生は1991年からウズベキスタンに来て、その当時はまだ日本語講座もないときで、韓国語講座の中で、日本語を教え始めたところでした。現在、日本語関係で仕事をしている30代より上の専門家の多くは、菅野先生の教え子です。最近は、世界言語大学とかサマルカンド言語大学とか、経済大学とかで日本語が教えられていますが、昔は、菅野先生のところでしか教えられていませんでした。現在、東洋学大学では15人ほど教鞭をとっていますが、みんな菅野先生の教え子たちです。菅野先生の影響があるから、今の学生にも、伝わっているのではないかと思っています。

菅野先生との出会い

二葉　菅野先生との初めての出会いはどのような感じだったのでしょうか。

マルフ　私がこの大学に入学したのは2007年で、日本語講座で勉強していました。そのときに初めて、菅野先生にお会いしました。私が3年生と4年生のときに、菅野先生の授業を受けていました。特に、その後、私が大学院生のときによくお世話になっていました。2014年に大学院を修了して、2020年まで観光業のビジネスを中心にやっていまし

た。その期間は、たまに先生と連絡をとっていたんですが、あまり接点がありませんでした。コロナのときに、私が東洋学大学で日本語を教えることになりました。学生のときはやはり、先生と学生という関係だったので、直接、お話をするというのはなかったんですが、一緒に仕事をするということになると、ちょっと違うんです。学生のときは、菅野先生はいつも優しいという印象だったんですが、今度は私が教員という立場になったら、けっこう厳しくて。先生が私に厳しく接してくれていたのは、私に教師経験が乏しかったからというのがあります。「マルフ先生は、知識はあるのはいんだけど、教授法について知らないからもっと勉強した方がいいです。」とよく言われていました。先生と関わったのは最後の2、3年でしたが、今振り返ってみると、あのとき先生から教わったことは、今の自分にとって貴重な経験だったと思っています。

間違いを恐れず、話すことが大事

二葉　学生だったときの菅野先生の第一印象はどのような感じだったんでしょうか。

マルフ　とにかく優しい。

二葉　あまり怒ったりとか、叱ったりとかなかったんですか。

マルフ　そうです。全然。日本語で間違えて話しても、先生はちゃんと最後まで聞いてくれました。授業中はあまり直さない。そういうところが、学生から好かれていた理由だったかもしれません。先生が、いつもよく言っていたのは、「たくさん間違ってもいいから、とにかく話すことが大事。」と言って、いつも私たちを励ましてくれていました。

憧れの日本留学

二葉　マルフ先生が学生のとき、どのような目的を持って日本語を勉強されていたので

しょうか。

　マルフ　中等・高等教育でも日本語を勉強していたんですが、そのときの夢というのが、日本に留学して、日本を自分の目で見たいというのがありました。実際、日本に留学して、戻ってきてからは、観光業に興味を持ち始めました。私の先輩の中でも、観光ガイドをしている人もけっこう多くて、私も観光業を中心に何かできないかと思っていました。学部生のときにも、ガイドのバイトをしていた時期がありました。卒業してからは、バイトでやり始めたことが、職業に変わったという感じです。

　二葉　日本に留学されたのはいつごろですか。

　マルフ　2009年の9月から2010年の8月まで法政大学に留学していました。これも菅野先生のおかげなんですが、東洋学大学がちょうど日本の大学と協定を結び始めていた時期だったんです。学内の優秀な学生が日本の大学に留学できる機会をつくってくれたのが、菅野先生だったんです。とても感謝しています。

　二葉　留学が決まったときは、菅野先生は何かおっしゃっていたんですか。

　マルフ　今は、一つの大学に4人とか5人とか選ばれて留学できたんですが、その当時は、一人しか選ばれませんでした。法政大学は2人だったんですが、菅野先生がよく言っていたのは、「あなたたちは東洋学大学、ウズベキスタンの顔ですから、よく勉強してください。いいイメージを残してください。次に行く人に悪い影響が出ないようにしてください。」といった感じで。

先生との出会いが自分を変えてくれた

　二葉　学生時代に菅野先生に出会ったことが、今の職業に活かされていると思うことはありますか。

　マルフ　当時はウズベキスタンで国際会議とかあって、日本から大学の教授が来たりしていました。それで菅野先生によく声をかけられて、教授を迎えに行ったり、タシケント市内をアテンドして案内したりしていました。それが、大学の教室での授業とは違った雰囲気でした。そういうのを何回か経験していました。先生が一人一人、学生の能力、この学生はどこまでこの仕事をやることができるのかというのをよく把握していて、私がそういうことに向いていたからかもしれませんが、先生によく声をかけていただきました。そういうことが、ガイドの仕事によい影響を与えたということはあります。それ以外では、私が大学院生のとき、中等・高等教育機関で2年ぐらい日本語を教えていた時期がありました。そのときも、菅野先生に会って相談していました。そのときのことが今に活かされていると感じています。

先生の最後の誕生日パーティー

　二葉　菅野先生とのおもしろいエピソードがあれば、教えてください。

　マルフ　先生と最後の誕生日をお祝いした日のことですが、日本語講座で教えている教員は、日本料理が好きな人が多くて、でも、なかなか、日本料理を食べるチャンスがなかったものですから、菅野先生がその日に「ヤポンママ」という日本食レストランで相当の量の寿司を、たぶん30人前の寿司を注文して、みんなにごちそうしてくれました。あのときは、私もけっこう食べました。あまりにもたくさん余ったので。学生も呼び出しました。みんな喜んで寿司を食べていました。そのときは、あれが、菅野先生との最後の誕生日パーティーだったなんて全然知りもしませんでした。みんな本当に嬉しそうでした。一度にあんなたくさんの量の寿司を見たことなかったから。

同僚として、先輩として、同じ仲間として、

二葉 学生のときとは雰囲気が異なると思いますが、教員になったとき、どのように菅野先生を見ていましたか。

マルフ 教員になっても、その当時はまだ先生として見ていました。就職したばかりのときは、先生はまだ優しかったので。しかし、だんだん変わっていきました。「日本語講座の教師で求めているのは、こういう人で、こういう人でなければ、教えられません。」などいろいろ教えていただきました。

また私は先生の隣の席だったんですが、最後の2、3年はいつも、私がわからないときに聞いたりしていました。

母校で教えるということ

二葉 マルフ先生が東洋学大学で働こうと思ったのは、何か理由があるんですか。

マルフ コロナが続いた1年の間、入っていたガイドの仕事が全部キャンセルになりました。仕事もない、日本人も来なくなった。そんな状況でした。実は、ガイドの仕事をしていたときも、大学にときどき来て、先生方に会って、相談したりしていました。就職しようと思ったのは、お世話になった先生方がいるから、何かわからないことがあっても大丈夫だろうと思って決めました。2019年に東洋学大学で日本学部ができた翌年に就職しました。それから1年たったころ、マチャノフ学部長に呼ばれ、「私の仕事を手伝いませんか。」と言われて、2021年に副学部長になりました。

先生の功績が認められて

二葉 菅野先生が2014年にイスラム・カリモフ大統領から友好勲章を授与され、2017年には日本政府から瑞宝双光章を授与されたことについて、どのように思われましたか。

マルフ そのときは、私は別のところで働いていましたが、先生に会いに行こうと思って、「おめでとうございます」とお祝いの言葉をかけに行きました。先生は91年からずっとウズベキスタンにいて、カリキュラムとか何もない状態で教え始めたということで、日本大使館の人からも、菅野先生の話がいつも話題に出るぐらいなので、先生が勲章をもらったのは、本当によかったと思っています。日本人でカリモフ大統領の友好勲章をもらった人はほかにいません。

先生の存在の大きさ

二葉 もし、菅野先生に出会わなかったら、今どうなっていたと思いますか。

マルフ 私の知り合いの中でもそうですが、日本関係の仕事していなくても、優しいというか、おとなしい人たちが多いです。先生が日本人に対して、そういう話し方をしたほうがいいとか、考え方を持ったほうがいいとか教えてくれたから、今、自分がこの仕事ができていると思っています。そう考えたとき、先生の存在というのは非常に大きいと思います。みんな、私よりも長く菅野先生と関わってきたマチャノフ学部長、ノディル先生とか、見ていると、おとなしい印象を受けますが、仕事のときは、きっちりやるという印象です。日本人と仕事をするときは、どうしてもまじめにならなければならないというのが、あるので、そういう意味で影響を受けているかと思います。

質のいい日本語人材を輩出するために

二葉 今後、東洋学大学の日本学部をどのようにしていきたいとか、目標とかありますか。

マルフ 昔は、先生たちは、日本語を教えるとき、菅野先生の教え方をよく真似していました。先生がよく教授法とかのセミナーを

やっていたんですが、そこでよく先生がおっしゃっていたのは、「できるだけ日本語だけで話す。」ということです。日本語だけで話すというのを大事にしたかったんです。「書けなくても、読めなくてもいい。でも、自分の言いたいことが言える。コミュニケーションが大事。」ということです。これから日本学部でやっていきたいのは、先生が残してくれたことをこれからの学生に伝えていきたいと思っています。その後、質のいい日本語を教えながら、日本とウズベキスタンの友好関係を構築する人材を輩出したいと考えております。

今後の予定

マルフ 映画を作りましたが、これ以外にも菅野先生を追悼した本の出版も考えています。もっと紹介できるようにいろいろ企画しています。先生のことを次の学生に伝えたいです。こういう日本人がいたからこそ、ウズベキスタンの日本語教育の基礎ができたというのを広めたいです。最初に教えた人はこの人ですよという感じで。ウズベキスタンの日本語学習者すべてに紹介できたらいいと考えています。

二葉 本日は、貴重なお話、ありがとうございました。

最後に

マルフ先生は、普段、凛とした表情をされているが、菅野先生のエピソードを話されているときは、目に涙を浮かべていた。先生との別れが誰よりも辛く、寂しいものであることは言うまでもない。

菅野先生のご友人の手記には、先生が語ったことがこのように書かれている。

『ガンはいつの間にか、6か所に転移していた。当初、あと半年の命といわれたが、あれから6年頑張って生きてきた。だから、もういつ死んでもいい。人はみないつか死ぬんだから。少し早いか、遅いかだけだ。医師に、死ぬ前の日まで教えていたいと言ったら、それは無理だ。よくて1か月前だと言われた。』

菅野先生は、同僚でもあり、教え子でもあるズフラ先生に自分の生き方を語っていた。

「先生は、どれだけ周りから高い評価を得ても、非常に謙虚だった。ある日、私が学生の愚痴を話したとき、先生は自分のおばあさんのこと話してくれた。」

『あの麦の穂を見なさい。実ると、重くなって頭が下がる。中が空っぽなら、頭は太陽に向かう。人間も同じ。中身があったら、謙虚になる。空っぽなら、傲慢になる。』

「先生はおばあさんの教えに従って生きてきた。」

ナジムホジャェフ・マルフホジャ氏（左）と二葉知久氏
タシケント国立東洋学大学にて対談

参考資料

Sugano Reiko xotira filmi Toshkent davlat sharqshunoslik universiteti 2023

https://www.youtube.com/watch?v=mQezONC03JY

（なじむほじゃぇふ　まるふほじゃ　タシケント国立東洋学大学日本学部副学部長）

（ふたば　ともひさ　JICA海外協力隊／日本語教育）

ラトビアでの思い出

小林 芽生

　私は2023年2月から7月までラトビアの首都リガにあるラトビア大学に留学した。リガでの生活を通し、様々なことを体験した。ラトビアには意外とトルコからの留学生が多いこと、本来ロシアに行く予定だったオランダ人の学生がロシア語留学のためにラトビアに来たこと、ロシア語が依然として使われているが徐々に排除の動きがあることなど…行かなければ知ることができなかった貴重な体験を様々できた。今回は、ラトビアで体験したことを2つほど紹介できればと思う。

イェルガヴァ（Jelgava 首都リガの南西約40キロの都市）の教会（撮影：筆者）

　まず、一つ目は現在のリガのロシア語の使用状況について。実のところ、行く前はロシアの戦争もあり、公共の場ではあまりロシア語が使われていないと考えていたが、ラトビアに行くと小さい子からお年寄りまでロシア語を話していた。実際、自分もラトビア語よりロシア語の方が理解できたため、извинитеやспасибоなどの簡単なフレーズをよく使っていた。また、物乞いにあった際にもロシア語で返答したのを覚えている。ただ、政府的

にはロシア語を排除したい動きがあるようで、origoというショッピングセンターの隣にあったターミナルに書いてあったロシア語が突如消えるという出来事もあった。

　二つ目はラトビアでの生活について話していこうと思う。ラトビア自体はヨーロッパの中でも物価が安い方であり、自炊するぶんにはかなり安く済ませることが出来た。ポテトやビールなどの一部の製品は日本よりも安かった。ただ、外食をしてしまうとかなり高くつき、ここは日本とは違うなと感じた。また、それ以外の生活用品、例えば洋服に関して言えば、古着屋が多くあり、安く済ませることができた。

　以上がラトビアで体験したことの一部である。正直、英語がかなり通じたためロシア語

2023年2月リガ駅（撮影：筆者）

2023年3月リガ駅のロシア語でのвокзал（駅）の表示が取り外された。（撮影：筆者）

を使わなかった。もう少しロシア語を使って
みるべきであったなと後悔しているが、大学
の授業でロシア語があったため、多少は上達
させることができたので、何もやらなかった
よりはよかったのかなと思っている。ラトビ
アという国は、小さいが、文化的にも地域的
にもとても面白い国である。機会があれば、
ぜひ行ってもらえればと思う。

（こばやし　めいな　神奈川大学外国語学部英語英文学
科学生）

「ウナギ・イヌ」(" Unagi Inu" 首都リガの日本食料理店）
にて（撮影：筆者）

2023年2月リガの旧市街の様子（撮影：筆者）

2023年5月
2023 IIHF World Chanpionship
（アイスホッケーの世界大会）中の
リガの旧市街の様子（撮影：筆者）

編集後記

　2016年1月発行の53号から編集委員長を務めてきましたが、今号で退任することとなりました。読者の皆様、執筆者の皆様、レイアウトから印刷への取次などを引き受けていただいている佐川嘉博さん、販売元であり執筆もしていただいた群像社の島田進矢さん、そして、ユーラシア研究所事務局長の蓮見雄さんを含め支えてくださった編集委員の皆さんなど、お世話になった多くの方々に感謝いたします。また、たびたびの刊行の遅れは各所にご迷惑をおかけしたことをお詫びします。小森田秋夫所長をはじめ、ユーラシア研究所運営委員会の皆様にもご心配をおかけしたと思います。

　思えば最初の編集会議の席に、それまで発売元であった東洋書店が廃業するとの連絡が入るという波乱の幕開けでした。2019年4月から日本を離れていた一年は、堀内賢志委員に代理を務めてもらったものの、8年間16号に渡り何とか乗り切ってこられました。

　8年の間には、コロナ・パンデミックという全世界を巻き込んだ事態もあり、ウクライナとロシアの問題などユーラシア諸地域でも様々なことがありましたし、今も起こり続けています。本誌は今号から年1回の発行となりましたが、今後もユーラシアの様々な情報をお届けできると考えます。ご支援いただけるとありがたく思います。(堤)

入会のご案内

▶ ユーラシア研究所は、維持会員の会費によって支えられている組織です。年会費8,000
▶ 円（学生4,000円）で『ユーラシア研究』（年1回）の配布、当研究所主催の総合シンポジウム（年1回）やオンラインで行うユーラシア・セミナー（年5回程度）に無料で参加できます。
▶ 入会は、こちらからお申し込み下さい。
　https://www.yuken-jp.com/membership

編集委員会委員

内田　健二、木村　敦夫、小林　潔、澤野　由紀子、渋谷　謙次郎、杉山　秀子、堤　正典、中地　美枝、蓮見　雄、広岡　直子、堀内　賢志、前田　弘毅

★『ユーラシア研究』のバックナンバーにつきましては、群像社ネットショップでご購入いただけます。
　https://gunzosha.cart.fc2.com/?ca=22

★群像社ネットショップで品切れの場合は、在庫についてユーラシア研究所ホームページのお問い合わせからご連絡ください。在庫がある場合は購入できます。

ユーラシア研究　第68号　2024年2月10日

発行人　小森田　秋夫
編集人　堤　正典
発行所　ユーラシア研究所　〒156−0052 東京都世田谷区経堂 1-11-2
　　　　　　　　　　　　　TEL/FAX：03（5477）7612
　　　　　　　　　　　　　URL http://www.yuken-jp.com
　　　　　　　　　　　　　E-mail：yuken@t3.rim.or.jp

発売元　株式会社 群像社　〒232−0063 横浜市南区中里 1-9-31-3B
　　　　　　　　　　　　　TEL/FAX：045（270）5889
　　　　　　　　　　　　　URL http://www.gunzosha.com
　　　　　　　　　　　　　E-mail：info@gunzosha.com